Erich Kasten

Mein Trainingsbuch
Selbstvertrauen

Die Ab-in-den-Müll-Kur
für Ihre Ängste

Ausschluss-Klausel

Der Inhalt dieses Buches dient nur informativen und bildenden Zwecken. Diese Seiten stellen keine medizinische Therapie für Ihre Probleme oder Ihre Störung dar. Diese Informationen sollten nicht benutzt werden anstelle oder als Ersatz für professionelle medizinische oder psychotherapeutische Behandlung oder professionelle Beratung. Wenn sie Informationen aus diesem Buch umsetzen, stellen sie damit kein Therapeuten-Patienten-Verhältnis mit dem Autor des Buches her; Sie tun dies auf eigene Verantwortung und eigenes Risiko.

Erich Kasten

Mein Trainingsbuch Selbstvertrauen

Die Ab-in-den-Müll-Kur für Ihre Ängste

Unser Buchprogramm im Internet: www.verlag-modernes-lernen.de

© 2019 by SolArgent Media AG, Division of BORGMANN HOLDING AG, Basel

Veröffentlicht in der Edition:
verlag modernes lernen Borgmann GmbH & Co. KG
Schleefstraße 14 · D-44287 Dortmund

Gesamtherstellung in Deutschland: Löer Druck GmbH, Dortmund

Bestell-Nr. 5232   ISBN 978-3-8080-0793-8

Inhalt

Ein nettes Hallo erstmal,

Sie möchten gerne total angstfrei sein und viel, viel mutiger durch das Leben gehen? O. K., ich auch.

Dieses Buch wurde von einem Profi geschrieben. Nicht wegen der vielen Titel vor meinem Namen, sondern weil ich selbst lernen musste, mit meiner eigenen Angst umzugehen. Im Mittelpunkt zu stehen war mir schon in der Schulzeit immer unheimlich, und Referate im Studium habe ich tunlichst vermieden, sondern lieber Seminare gewählt, die mit einer Klausur endeten. Mit den wenigen Vorträgen, die ich dennoch halten musste, verbindet sich die Erinnerung an schlaflose Nächte. Dummerweise hat mich ein unberechenbares Schicksal mit dieser schweigsamen Grundeinstellung nicht durchs Leben kommen lassen. Der erste Job, der mir nach dem Psychologie-Diplom angeboten wurde, war der als Dozent in einer Krankenpflegeschule. Aus der Not heraus Geld verdienen zu müssen, stellte ich überraschend fest, dass ich (a) reden konnte und es (b) nach einiger Zeit sogar Spaß machte.

Angst vor etwas zu haben, gehört mit zum menschlichen Leben, erst wenn man sich vor viel zu vielen Situationen fürchtet, können solche Befürchtungen das ganze Leben blockieren. So kann es z. B. sein, dass Sie vielleicht durchaus Chancen bei einem potenziellen Partner haben – aber Sie trauen sich nicht, mit dieser Person ins Gespräch zu kommen? Sie haben die Möglichkeit, ihren Traumjob zu bekommen, aber vor lauter Nervosität beim Bewerbungsgespräch verhaspeln Sie sich ständig? Sie möchten schrecklich gerne ferne Länder sehen, aber in ein Flugzeug könnten Sie sich niemals setzen?

Manche von Ihnen, die diesen Text jetzt lesen, schaffen es vielleicht nicht einmal, einen vollen Supermarkt zu betreten, weil die Menschenmassen und die Schlange an der Kasse ihnen den Angstschweiß auf die Stirn treiben. Andere mögen keinen Fahrstuhl betreten, denn ganz bestimmt wird er steckenbleiben. Manche hatten, aus welchem Grund auch immer, irgendwann und irgendwo einen Panik-Anfall und meiden ähnliche Situationen nun wie der Teufel das Weihwasser. Viele Menschen haben Angst vor öffentlichen Auftritten, wie etwa einen kleinen Vortrag vor einer Gruppe zu halten. Der Nächste mag partout nicht in einen Bus steigen, und im Freizeitpark erregt der Anblick der Achterbahn schon von weitem einen gruseligen Schauder, der den Rücken herunterläuft und dazu führt, dass sich der Magen ganz von alleine zusammenfaltet.

Solche Ängste blockieren einen Menschen in vielen Lebensbereichen, sie verhindern berufliches Vorankommen, aber auch im privaten Bereich ist man gehandicapt. Selbstbewusstsein kann man aber erlernen. Ich will niemandem etwas vormachen, es ist ein langer und oft steiniger Weg, aber wer sich entschlossen hat ihn zu gehen, wird – Stufe für Stufe – immer sicherer durch dieses Leben wandern.

Mit dem Kauf dieses Buches haben Sie sich verbindlich entschlossen, an einem Trainingsprogramm zur Erhöhung Ihres Selbstvertrauens teilzunehmen. Sie sollten dazu

1. unbedingt ein Entspannungstraining erlernen und regelmäßig anwenden, damit Sie sich gezielt beruhigen können, sollte bei einer Übung einmal zu starke Angst auftreten.

2. möglichst alle Übungen durchzuführen so gut wie es geht, sie nicht vorschnell abbrechen und auch nicht durch Vermeidungsverhalten umgehen.

3. aktiv mitarbeiten und die Übungen so oft wie möglich machen. Soziale Kompetenzen werden umso besser, je häufiger Sie eine neue Handlungsweise trainieren.

4. die neuen Verhaltensweisen im normalen Alltag anwenden, um sie zu stabilisieren und um angstfrei und ohne Schwierigkeiten leben zu können.

5. die nächstschwierigere Stufe normalerweise erst in Angriff nehmen, wenn Sie die vorherige angstfrei beherrschen, da das Training hierarchisch aufgebaut ist. Allerdings ist es möglich auch parallel an mehreren Ängsten zu arbeiten.

So viel steht jetzt schon fest:
Der Weg aus Ihrer Angst heraus
wird ein aufregendes Abenteuer!

Nun soll zunächst einmal Ihre Persönlichkeit hinsichtlich Ängstlichkeit abge-
checkt werden. Bitte beantworten Sie die folgenden Fragen, indem Sie eine der
Zahlen ankreuzen. Mit den Ziffern können Sie Ihre Antwort abstufen. Wenn die
Frage z. B. lautet:

Ich bin ...

sehr schlank   −2   −1   0   +1   +2   *sehr dick*

dann kreuzen Sie die -2 an, wenn Sie sich für sehr schlank halten. Wenn Sie die
Meinung vertreten, dass Sie eher schlank als dick sind, sollten Sie die -1 ankreuzen. Die Null steht für weder/noch. Die +2 steht dafür, dass Sie der Ansicht sind,
ausgesprochen dick zu sein.

Es gibt keine guten und keine schlechten Eigenschaften. In manchen Situationen eher ängstlich zu sein, kann Vorteile haben und ebenso kann es eine
Fülle sozialer Probleme nach sich ziehen, wenn man keine Angst hat und z. B.
zu distanzlos ist, seinem Ärger ständig freien Lauf lässt oder dazu neigt, sich
brüsk durchzusetzen. Daher ist nicht die minus Zwei immer die schlechte und
die plus Zwei nicht immer die beste Note für Ihre Verhaltensweisen. Es geht in
diesem Fragebogen erst einmal darum festzustellen, was für ein Mensch Sie
eigentlich sind.

1. Wenn ich die Wahl zwischen mehreren Mög-lichkeiten habe, dann ...	kann ich mich nur zögernd entscheiden.	−2	−1	0	+1	+2	kann ich mich schnell und sicher entschei-den.
2. Mir macht je-mand aus meinem Bekanntenkreis ein Geschenk, das ...	ist mir eher un-angenehm und peinlich.	−2	−1	0	+1	+2	finde ich toll und freue mich.
3. Wenn ich mich ungerecht behan-delt fühle, dann...	schlucke ich den Ärger lieber herunter.	−2	−1	0	+1	+2	kann ich den Ärger durchaus laut äußern.
4. Mit einer völlig fremden Person ins Gespräch zu kommen ...	fällt mir meis-tens ziemlich schwer, da ich gehemmt bin.	−2	−1	0	+1	+2	macht mir Spaß, das finde ich interessant.

		−2	−1	0	+1	+2	
5. Bei einer Abstimmung ...	hebe ich den Arm, wenn die meisten anderen das tun.	−2	−1	0	+1	+2	verlasse ich mich auf mein eigenes Urteilsvermögen.
6. In dem Fall, dass mich jemand zu ärgern versucht ...	meide ich diese Person lieber.	−2	−1	0	+1	+2	spreche ich die Person an, und frage was das soll.
7. Bei einem verbalen Schlagabtausch ...	gehen mir schnell die Argumente aus.	−2	−1	0	+1	+2	bin ich meist schlagfertig und gewitzt.
8. In schwierigen Situationen, wenn ich nicht alleine klarkomme ...	macht mich das total hektisch und nervös.	−2	−1	0	+1	+2	bitte ich einfach jemanden um Hilfe.
9. Jemand widerspricht mir, nachdem ich etwas gesagt habe, ...	dann gehe ich davon aus, dass ich mich wohl geirrt habe.	−2	−1	0	+1	+2	das sehe ich als Herausforderung, meine Meinung zu beweisen.
10. Ich möchte in einer Gruppe etwas sagen, aber mir fällt jemand ins Wort ...	dann höre ich auf zu reden und höre dem anderen zu.	−2	−1	0	+1	+2	dann spreche ich einfach etwas lauter weiter.
11. Ich habe von mir den Eindruck, dass ich ...	meist zu schüchtern bin.	−2	−1	0	+1	+2	eher draufgängerisch bin.
12. Was andere Leute über mich denken ...	ist mir immer sehr wichtig.	−2	−1	0	+1	+2	ist mir meist ziemlich egal.
13. Wenn man mir wichtige, neue Aufgaben überträgt, dann ...	verunsichert mich das eher.	−2	−1	0	+1	+2	macht mich das stolz.
14. Ich soll jemanden, den ich nicht so gut kenne, in seiner (ihrer) Wohnung besuchen.	Das ist mir eher unangenehm, Wohnung ist Privatsphäre.	−2	−1	0	+1	+2	Ich finde es interessant wie andere Leute wohnen.

		−2	−1	0	+1	+2	
15. Ich habe einen Fehler gemacht und muss mich entschuldigen, ...	das bringe ich einfach nicht über die Zunge.	−2	−1	0	+1	+2	das fällt mir nicht weiter schwer.
16. Ich unterhalte mich mit jemandem und es tritt eine längere Pause ein, ...	dabei fühle ich mich unwohl, mir fällt nichts ein, was ich sagen könnte.	−2	−1	0	+1	+2	das macht nichts, ich habe so viel zu erzählen, da treten kaum Pausen auf.
17. Im Restaurant kommt das Essen kalt oder schmeckt schlecht, dann ...	esse ich es trotzdem.	−2	−1	0	+1	+2	rufe ich die Bedienung und beschwere mich.
18. Ich habe höllische Kopfschmerzen, es klingelt an der Tür und ein Kollege will mich besuchen.	Ich lasse den Kollegen herein und biete ihm etwas zu trinken an.	−2	−1	0	+1	+2	Ich sage ihm, er soll ein anderes Mal wiederkommen.
19. Beim Zusammenbauen eines komplizierten Möbelstückes schaut mir jemand zu.	Das macht mich völlig verrückt, wenn mich dabei jemand beobachtet.	−2	−1	0	+1	+2	Das stört mich nicht, vielleicht kann er/sie ja sogar helfen.
20. Im Verlauf einer Diskussion stelle ich fest, dass alle anderen eine gegenteilige Meinung vertreten, ...	das macht mich unsicher, ich fühle mich in die Ecke gedrängt.	−2	−1	0	+1	+2	in solchen Situationen gebe ich keinesfalls nach, sondern versuche die anderen zu überzeugen.
21. Ein Kollege hat einen großen Erfolg zu verbuchen ...	das macht mich eher neidisch.	−2	−1	0	+1	+2	das finde ich gut und spreche Bewunderung und Lob aus.
22. Auf einer noblen Party stelle ich fest, dass ich völlig *underdressed* bin ...	ich bleibe nur kurz und verziehe mich mit einer Ausrede.	−2	−1	0	+1	+2	ich bin nicht zu leger angezogen, sondern alle anderen sind *overdressed*.

		−2	−1	0	+1	+2	
23. In kritischen Situationen ...	neige ich dazu schnell aufzugeben.	−2	−1	0	+1	+2	zeige ich Kampfgeist und kann mich gut durchsetzen.
24. Im Baumarkt möchte ich ein bestimmtes Gerät kaufen ...	ich suche, bis ich es alleine gefunden habe.	−2	−1	0	+1	+2	ich frage sofort einen Verkäufer.
25. Bei einem Gespräch mit jemandem habe ich etwas wirklich Peinliches gesagt ...	das belastet mich noch den ganzen Tag und die ganze Nacht lang.	−2	−1	0	+1	+2	das ist zwar dumm, aber ich mache mir deswegen keine großen Sorgen.
26. Ein Bettler spricht mich direkt an und fragt nach etwas Kleingeld.	Meist schaue ich nach, was ich an Kleingeld habe.	−2	−1	0	+1	+2	In solchen Situationen sage ich stur „Nein".
27. Wenn mich jemand in einer Diskussion angreift, dann gilt für mich:	„Der Klügere gibt nach."	−2	−1	0	+1	+2	„Nicht mit mir!"
28. Ein Kollege macht sich über einen Fehler lustig, den ich begangen habe.	Mir ist das absolut peinlich, ich möchte raus und nach Hause.	−2	−1	0	+1	+2	Ich lache mit, das war schon ziemlich dämlich von mir.
29. Wenn mir etwas nicht gefällt, dann ...	halte ich im Allgemeinen meinen Mund, um Ärger zu vermeiden.	−2	−1	0	+1	+2	sage ich das offen.
30. Ich stehe gerne im Mittelpunkt.	Nein, das stimmt gar nicht!	−2	−1	0	+1	+2	Ja, das stimmt.
31. In Gegenwart von Autoritätspersonen fühle ich mich ...	sehr unwohl.	−2	−1	0	+1	+2	wie immer, nicht anders als sonst.

		−2	−1	0	+1	+2	
32. Wenn ich von meinem Chef etwas fordern will (z. B. Gehaltserhöhung), das …	kostet mich vorher schlaflose Nächte.	−2	−1	0	+1	+2	macht mir nicht viel aus.
33. Wenn man mich zu Unrecht tadelt, …	kann ich mich nur schlecht dagegen wehren.	−2	−1	0	+1	+2	kann ich mich gut dagegen wehren.
34. Ich sollte jemanden dringend anrufen, das fällt mir aber erst um 21:30 ein.	Ich komme in Konflikt und traue mich nicht, so spät da anzurufen.	−2	−1	0	+1	+2	Ich rufe trotzdem an, die Person muss ja nicht ans Telefon gehen.
35. Sie haben aus Versehen für 5,- Euro etwas Falsches gekauft.	Etwas umzutauschen war noch nie mein Ding; ich kaufe lieber neu.	−2	−1	0	+1	+2	Das tausche ich bei nächster Gelegenheit um.
36. Ich lasse mich von anderen …	eher leicht beeinflussen.	−2	−1	0	+1	+2	eher nicht beeinflussen.
37. Wenn ich von jemand anderem eine Bitte erfüllt haben möchte …	traue ich mich in der Regel nicht, das zu äußern.	−2	−1	0	+1	+2	dann äußere ich diese Bitte frei heraus.
38. Ich fühle mich …	oft hilflos und alleine gelassen.	−2	−1	0	+1	+2	so gut wie nie hilflos.
39. In Gegenwart von gutaussehenden Menschen des anderen Geschlechts fühle ich mich …	eher hässlich.	−2	−1	0	+1	+2	recht attraktiv.
40. Wenn ich etwas Dummes gesagt habe, dann …	ist mir das total peinlich und ich könnte im Boden versinken.	−2	−1	0	+1	+2	lache ich mit den anderen darüber.
PUNKTE pro Spalte:							
GESAMT-PUNKTE:							

Diese Fragen ersetzen zwar kein standardisiertes psychologisches Messinstrument, sie geben aber eine gute Übersicht über das Ausmaß Ihrer Ängste. Insgesamt erreichbar sind zwischen -80 und +80 Punkten. Je weiter Sie im Gesamtwert auf der negativen Seite sind, umso stärker sind Ihre Ängste, je weiter Sie auf der positiven Seite sind, umso selbstbewusster sind Sie. Wenn Sie einen Wert um Null herum erzielt haben, dann gleichen sich Ihre Befürchtungen und Ihre Ressourcen aus. Manche Leute erreichen insgesamt einen positiven Wert, haben aber isolierte Befürchtungen in ganz spezifischen Lebensbereichen. Andere haben so ziemlich vor allen Dingen des Lebens Angst.

 ## DIE FUNKTION VON ANGST

Sie bewundern Menschen, die total selbstbewusst durchs Leben gehen? Die keine Schwierigkeiten haben, mal eben eine Reise nach New York zu buchen und dorthin zu fliegen? Die sich sogar dem Chef gegenüber durchsetzen können und anderen klar, laut und deutlich die Meinung sagen? Die im Freizeitpark mit der Achterbahn fahren, das ganz toll finden und gleich nochmal fahren möchten? Sie sind neidisch auf Menschen, die offenbar völlig angstfrei durch das Leben gehen?

Bewundern Sie diese Menschen nicht zu sehr! Ein gewisses Ausmaß von Angst ist völlig normal und schützt uns vor vielen kleinen Katastrophen. Wer vor ei-

Wasserrutsche im Freizeitpark Legoland:
Genau Ihr Ding oder lieber draußen warten?

ner Reise ängstlich ist und dreimal kontrolliert, ob die Fahrkarte wirklich einge-steckt wurde, der hat sie dann aber eben mit absoluter Sicherheit auch wirklich dabei, wenn der Schaffner sie sehen möchte. Dem draufgängerischen Angeber gönnen wir, dass er sein Ticket voller Selbstüberschätzung vergessen hat.

Angst hat eine Schutz- und Warnfunktion und ist daher ein sinnvoller biologi-scher Mechanismus. Menschen, die kaum oder sogar gar keine Angst spüren, haben da auch so ihre Probleme. Viele sind überheblich, sie schaffen sich mit ihrem Verhalten nicht selten Feinde und ecken immer wieder an. Meist kommt es in der Umwelt nicht gut an, wenn man zu sehr von sich selbst eingenommen ist. Im extremsten Fall neigen Personen mit übermäßigem Selbstbewusstsein zu einer regelrechten psychischen Störung, die man als „Soziopathie" bezeich-net. Darauf kommen wir später noch zu sprechen.

Angst ist eine Persönlichkeitseigenschaft, deren Ausprägung zwischen den Endpunkten „sehr hoch" und „sehr niedrig" liegt. Die Stärke ist zu einem Teil angeboren (ängstliche Eltern haben oft auch ängstliche Kinder), zum anderen Teil anerzogen (ängstliche Eltern bringen ihren Kindern bei, vor zu vielen Sa-chen Angst zu haben), und das Ausmaß der Angstbereitschaft kann natürlich auch durch Lebensereignisse geformt werden: Durchfallen durch eine Prüfung erzeugt z. B. gesteigerte Angst vor dem nächsten Examen. An dem unteren Ende des Kontinuums befinden sich Soziopathen, die so gut wie keine Angst haben; an dem oberen Ende befinden sich Menschen mit einer Angststörung, die Befürchtungen vor völlig harmlosen Verhaltensweisen haben und bei allem

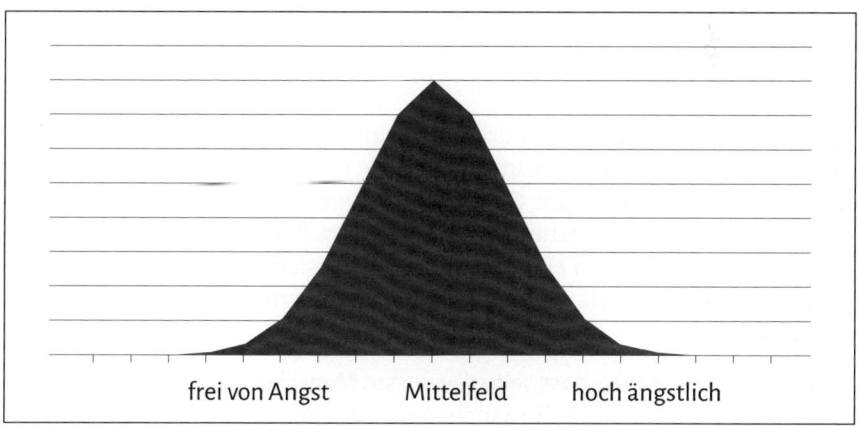

Die Kurve zeigt die Häufigkeit der Angststärke in der Bevölkerung. Nur ein winziger Prozentsatz fühlt so gut wie nie Angst vor etwas, aber auch nur ein kleiner Anteil lebt in ständiger Furcht. Die allermeisten liegen im Mittelfeld mit „normalen" Ängsten und Befürchtungen.

was sie tun, die Katastrophe herannahen sehen. In den Endpolen dieses Kontinuums sind allerdings nur relativ wenige Personen; die allermeisten Menschen befinden sich im Mittelfeld. Das bedeutet, wir alle haben zwar unsere Ängste, kommen aber damit einigermaßen durch das Leben. Es gibt Verhaltensweisen, die wir gut beherrschen und andere, die uns Angst machen.

Auch ich war einmal jung und musste, kurz nach dem Diplom in Psychologie, als psychologischer Sachverständiger für ein Gerichtsverfahren mutterseelenalleine von Lübeck nach München reisen. Bei Antritt der Reise hatte ich vor Aufregung die ganze Nacht kaum geschlafen und litt unter psychosomatischen Magen-Darm-Beschwerden, deren detaillierte Symptome ich dem Leser ersparen möchte. Drei Jahre später, kurz nach der Wende, nahm ich eine Tätigkeit am Klinikum der Otto-von-Guericke Universität in der ehemaligen DDR an und musste jede Woche mit dem Zug von Lübeck nach Magdeburg fahren. DB-Waggons wurden nun meine zweite Heimat und ich habe ganze Bücher im Zug geschrieben. Was lernen wir daraus? Grundsätzlich gelten zwei Lehrsätze zur Reduzierung von Angst:

> **JE SELTENER WIR ETWAS TUN,**
> **UMSO MEHR ANGST HABEN WIR DAVOR.**

> **WIR HABEN KAUM ANGST VOR STUATIONEN,**
> **DIE WIR TÄGLICH BEWÄLTIGEN.**

Sie lesen diese Einleitung vermutlich, weil in Ihrem Kopf zu viele Befürchtungen vor Verhaltensweisen herumgeistern, die man in unserer modernen Welt eigentlich beherrschen sollte. Ohne gewisse Fertigkeiten geht es heute nicht: Wer ferne Länder und Städte sehen will muss z. B. wissen, wie man in einer völlig fremden Stadt zum Hotel findet, wie man sich im Hotel sein Frühstück zusammenstellt, und wie man die Hotel-Rechnung mit seiner Kreditkarte bezahlt.

Vermutlich glauben Sie, dass selbstbewusste Menschen, die das alles können, so zur Welt gekommen sind? Manche Leute werden in der Tat mit einem gesunden Selbstvertrauen geboren, aber die Allermeisten von uns mussten diese Vielzahl von Verhaltensweisen mühsam lernen, um weitgehend angstfrei durch dieses komplizierte Leben zu kommen. Hierzu gehören so alltägliche

Sachen wie Einkaufengehen, eine Fahrkarte aus einem Automaten ziehen, öffentliche Verkehrsmittel benutzen, eine Reise buchen, einen Antrag bei einem Amt stellen, fremde Leute um Auskunft bitten, beim Chef eine Forderung stellen, vor einer Gruppe ein paar Worte sagen, usw. Je mehr solcher Verhaltensweisen wir beherrschen, umso leichter fällt der Alltag. Je weniger dieser Handlungsabläufe Sie abspulen können, umso größere Probleme haben Sie im täglichen Leben.

Menschen, die eine große Anzahl solcher Handlungsweisen erlernt haben, kennen sich gut aus: Sie wissen, wie man im Restaurant mit der EC-Karte bezahlt, sie können auf dem Flughafen eine Stunde vor Abflug noch einen Flug buchen und einen Geschäftspartner in den USA anrufen sowie auf Englisch mit diesem verhandeln. Das alles sind erlernte Verhaltensweisen, und wenn man sie aus dem Effeff beherrscht, dann wirkt das auf andere selbstbewusst. *Summa summarum* bedeutet das ganz simpel:

SELBSTBEWUSSTES VERHALTEN KANN MAN LERNEN!

Sinn dieses Buches ist, dass Sie solche sozialen Verhaltensweisen erlernen. Es sind Handlungsabläufe, die man ebenso üben kann wie englische Vokabeln oder das Spielen einer Gitarre. Je mehr man sie trainiert, umso angstfreier kommen Sie durch das Leben.

Dabei gibt es nur einen winzigen, klitzekleinen Haken: Im Gegensatz zum Gitarrenspieler haben Sie Angst vor vielen dieser Handlungen und diese Befürch-

*Gitarre spielen kann man lernen,
Selbstbewusstsein auch!*

tungen haben Sie bislang daran gehindert, sich selbstbewusst durch das Leben zu bewegen. Diese Furcht verliert sich aber automatisch, denn mit jeder Verhaltensweise, die Sie dazulernen, wird die Panik davor ein kleines bisschen magerer, blasser und schwächer. Diese Befürchtungen sind vielleicht entstanden, weil Sie in der Vergangenheit Misserfolge erlebt und dann gedacht haben, dass Sie das sowieso nicht können. Angst vor mündlichen Prüfungen hat jeder. Aber wenn man einmal durchgefallen ist, dann verstärkt das die Furcht und man traut sich kein nächstes Examen mehr zu. Solche Misserfolge werfen jeden von uns zurück. Es nützt dann nichts, viel darüber zu lamentieren. Aufstehen und es nochmal versuchen heißt hier die Devise!

Bei den Übungen in der zweiten Buchhälfte ist es daher wichtig, dass Sie immer auf einem Niveau arbeiten, auf dem Sie mehr Erfolge als Misserfolge haben. Nur dadurch baut sich Selbstvertrauen in die eigenen sozialen Kompetenzen auf. Misserfolge lassen sich nicht ganz vermeiden, da, wenn Sie üben, nicht vorhergesagt werden kann, wie fremde Menschen in bestimmten sozialen Situationen reagieren. Aber solche unangenehmen Situationen erfüllen auch einen Zweck: Eine der wichtigsten sozialen Kompetenzen, die wir in diesem Leben erlernen müssen ist, sich nicht von Misserfolgen zurückwerfen zu lassen. In einem Song der Popgruppe „Hurts" heißt der Refrain: *„Never give up, it's such a wonderful live."* Gerade an der konstruktiven Auseinandersetzung von Rückschlägen wächst unsere Persönlichkeit.

Der absolut wichtigste Grundsatz der Verhaltenstherapie zur Überwindung von Angst, den Sie sich am besten in großen Lettern über Ihr Bett hängen sollten, heißt:

ANGST WIRD MAN NUR LOS, WENN MAN SIE DURCHSTEHT!

Konkret bedeutet dies, solange Sie Verhaltensweisen vermeiden, vor denen Sie Angst haben, werden Ihre Befürchtungen wachsen und gedeihen wie eine gut gegossene Topfpflanze. Das Vermeiden von angstbesetzten Situationen ist leicht und bringt spontane Entlastung. Sie sind auf eine Party eingeladen, wo sie nur wenige Menschen kennen? Das macht Ihnen Bauchgrummeln? Sie gehen einfach nicht hin oder entschuldigen sich mit einer Ausrede. Gewonnen haben Sie dabei eine kurzfristige Angstreduzierung, die dazu führt, dass Sie sich bei der nächsten Einladung ebenso verhalten – bis Sie von niemandem mehr eingeladen werden. Verloren haben Sie die Chance, einen netten Abend zu erleben, neue Freunde zu gewinnen und ein kleines Stück mehr Selbstvertrauen aufzubauen. Sie müssen also Situationen, vor denen Sie Beklemmungen spüren, irgendwie durchstehen. Dann wird die Angst immer kleiner, aber Ihre sozialen Kompetenzen werden stetig größer.

Der schlimmste Fall einer solchen Angstneurose, den ich in meiner Praxis einmal erlebt habe, war der einer 44-jährigen Frau, die sich aufgrund unzähliger Befürchtungen immer weiter zurückgezogen hatte. Ein Prozess, der schleichend über Jahre hinweg lief. Schließlich war sie nicht einmal mehr in der Lage, ihre Wohnung zu verlassen, weil sie schon Furcht davor hatte, draußen auf dem Flur Nachbarn zu treffen. Nun bekam sie selbst in der Wohnung Beklemmungen. Sie lebte mit ihrer Mutter zusammen, die die gesamte Versorgung übernahm. Allerdings war die Mama schon über 70 Jahre alt und kränkelte. Das war der Punkt, an dem die Patientin begann darüber zu grübeln, was eigentlich aus ihr wird, sollte dieser Elternteil einmal sterben. Sie entschloss sich endlich zu einer Verhaltenstherapie und begann millimeterweise die Umwelt wieder zu erobern. Ein langer Weg, den sie aber geschafft hat. Die Therapie dauerte fast zwei Jahre, aber sie nahm schließlich sogar einen Job an und lernte einen Partner kennen.

Bevor es soweit kommt, dass sie vor lauter Angst und Unsicherheit ihre vier Wände nicht mehr verlassen können, haben Sie die Chance, jetzt zu beginnen, Ihre sozialen Kompetenzen zu erweitern.

Einen Zahn muss ich Ihnen gleich ziehen: Sie werden niemals völlig angstfrei durch das Leben gehen können, denn Angst ist ein normaler Bestandteil unseres Lebens und ebenso wichtig wie andere Gefühle. Aber Sie werden lernen, mit Ihrer Angst zurechtzukommen und Sie werden, wenn Sie dieses Büchlein durchgearbeitet haben, mit einiger Wahrscheinlichkeit sehr viel selbstbewusster auftreten und sehr viel kompetenter auf andere wirken.

Kongressvorträge: Auch nach Jahren der Erfahrung verursachen Sie mir noch Herzklopfen, wenn die Abfolge der Vortragenden langsam aber sicher auf mein eigenes Referat zurollt. Das ist normal.

Ich will Ihnen kein X für ein U vormachen: Immer wieder mit eigenen Ängsten konfrontiert zu werden ist ein mühsames Unterfangen. Während ich diese Zeilen schreibe, sitze ich im ICE auf der Rückreise von Bayern nach Schleswig-Holstein. In München durfte ich einen Vortrag auf einem Kongress halten, und, da es ein Freitag-der-Dreizehnte war, hatte man mich auch noch als letzten Referenten des ersten Kongresstages eingeteilt. Trotz aller Routine besteht dann dennoch den ganzen Tag eine innere Unruhe, die nicht gerade weniger wird, wenn das eigene Referat im Programmablauf immer näher auf einen zurollt. Noch fünf Redner vor mir, noch vier, noch drei, noch zwei ... Die Nervosität steigt, der Adrenalinspiegel wird immer höher, das Herz klopft. *„So fühlen sich meine Angstpatienten, wenn sie im Supermarkt in der Schlange vor der Kasse stehen"*, denke ich und nehme mir vor, nie wieder überheblich zu lächeln, wenn mir jemand sagt, dass schon alleine die Teilnahme an einer Geburtstagsparty Beklemmungen erzeugt.

Angst ist ein extrem unangenehmes Gefühl, das muss es auch sein, die Furcht soll uns ja gerade dazu bringen, eine (scheinbar) gefährliche Situation abzubrechen. Und Sie werden sich im Verlauf der Übungen immer wieder bei dem Gedanken ertappen: *„Nein, das mache ich nicht!"* oder: *„Das ist mir zu doof!"* oder: *„Warum tue ich mir das eigentlich an?"*. Das alles sind Gedanken, die Ihnen Ihre Angst in den Kopf schickt, um ihre Macht über Sie zu behalten. Wenn Sie dem nachgeben, die Aufgabe abbrechen und wieder in Vermeidungsverhalten versumpfen, dann haben Ihre Befürchtungen gewonnen und üben wieder ihre alte Macht über Sie aus. Wenn Sie das Training stur durchziehen und die Aufgaben abarbeiten wie den Abwasch zu Hause, dann gewinnen Sie. Sie gewinnen an sozialer Kompetenz, an Selbstvertrauen, und Sie werden auch neue Freunde gewinnen.

Versprochen!

PANIK-ANFALL: WAS NUN?

Zunächst einige Ratschläge, was man bei einem akuten Panikanfall unternehmen kann. Wir werden die meisten dieser Tipps später in diesem Buch noch ausführlicher behandeln. Wichtig ist es, schon jetzt zu erkennen: Ich bin der Angst nicht hilflos ausgeliefert!

- Bewegung hilft! Biologisch sind wir bei Angst darauf vorbereitet zu kämpfen oder zu fliehen. Bleiben Sie im Angstanfall nicht still sitzen! Bewegen sie sich!

- In Situationen, in denen man sich nicht bewegen kann, hilft es die motorische Unruhe anders abzuführen, wippen Sie mit einem Bein, wechseln Sie die Position im Sitzen, bewegen Sie die Arme und Hände. Täuschen Sie vor, Sie müssten zur Toilette.

- Wenn Sie ein Entspannungstraining gelernt haben, dann wenden Sie es an. Entspannungsverfahren nützen vor allem im Vorfeld, um die Angst von vorneherein zu reduzieren.

- Es gibt Medikamente, die einen Angstanfall reduzieren. Oft hilft es zu wissen, dass man das Medikament dabei hat und im Notfall einnehmen kann.

- Ist es wirklich Angst, die Sie fühlen oder ist es nur eine völlig normale Aufregung vor einer Situation wie einer Prüfung?

- Lenken Sie sich ab! Richten Sie Ihre Aufmerksamkeit NICHT auf die Angstsymptomatik. Sie können z. B. versuchen mit jemandem zu telefonieren. Laut singen hilft auch. Wenn Sie es schaffen, dann lenken Sie Ihre Konzentration auf einen Film oder ein Buch. Oder lesen Sie z. B. im Vorbeigehen Plakate und Werbung. Je mehr Sie Ihre Aufmerksamkeit von der Angst auf andere Dinge weglenken, umso kleiner wird die Beklemmung.

- Vermeiden Sie panische Gedanken darüber, es könne eine schlimme Krankheit sein, unter der Sie leiden. Sie verstärken das Herzrasen. Sie kennen diese Symptome aus vorangegangenen Angstanfällen. Sie wissen, dass die Panik nach einiger Zeit auch von selbst wieder verschwindet.

- Ein Gefühl kann man am besten bekämpfen, indem man ein positives Gefühl dagegensetzt. Was können Sie sich jetzt Gutes tun? Denken Sie intensiv an etwas Schönes, das Ihnen in letzter Zeit passiert ist.

Auf in den Kampf!
*Einem Angstanfall sind Sie **nicht** hilflos ausgeliefert! Es gibt Waffen, um sich gegen die Angst zu wehren!*

- Steigern Sie sich NICHT in den Gedanken hinein, gleich umzufallen und in die Peinlichkeit eines Menschenauflaufs. Es ist ziemlich unwahrscheinlich, dass Sie ohnmächtig werden.

- Manchen Patienten hilft es, Notarzt-Nummern bzw. Adressen von Fachärzten oder Krankenhäusern dabei zu haben, die man im Notfall kontaktieren kann.

DAS ENDE DER SPANNUNG

Alle reden von Wellness und Work-Life-Balance. Was können Sie dafür tun, Ihr inneres Gleichgewicht zu finden?

Bevor wir nun zu den theoretischen Grundlagen von Gefühlen kommen, sollten Sie sich schon jetzt darum kümmern, ein Entspannungsverfahren zu erlernen. Es ist die Grundlage für alle Übungen, die Sie im zweiten Teil dieses Büchleins durchführen werden, um Ängste loszuwerden und selbstsicheres Verhalten aufzubauen. Der Begriff „Entspannungstraining" beinhaltet das Wort „Training", weil man es trainieren muss. Es klappt nicht gleich beim ersten Mal, sondern Sie müssen es einige Wochen lang geübt haben, um sich in einer Stress-Situation bewusst beruhigen zu können. Daher steht das Kapitel über diese Methoden relativ weit vorne in diesem Band. Während Sie weiterlesen, können Sie also schon anfangen, ein solches Verfahren zu üben. Nur dann sind Sie gefestigt genug, um später die Konfrontation mit Ihren Befürchtungen auszuhalten und Ihre Ängste aktiv zu besiegen. Durch das Beherrschen eines Entspannungstrainings können Sie sich selbst mental herunterfahren, wenn die Furcht einmal zu groß werden sollte.

Entspannungsverfahren können auch bei vielen psychosomatischen Beschwerden angewandt werden, eine ihrer Hauptwirkungen ist die Stressimmunisierung. Äußeren Einflüssen fühlt man sich dann nicht mehr schutzlos ausgeliefert. Es gibt ein breites Spektrum von Erkrankungen, bei denen eine psychische Komponente zu verzeichnen ist und die durch solche Techniken sehr gut behandelbar sind, hierzu gehören neben den Ängsten zum Beispiel psychosomatische Erkrankungen, sexuelle Probleme, Hautkrankheiten, Schlafstörungen, allergische Reaktionen (z. B. Asthma), Entzugserscheinungen oder chronische Schmerzzustände.

Es existiert eine Vielzahl an Methoden zum Finden einer inneren Balance, die zum Teil durch ihre geschichtliche Entstehung eng miteinander verbunden sind; auch die dabei verwendeten Techniken ähneln sich. Die einzelnen Methoden unterscheiden sich aber in ihren Zielen; diese können z. B. sein: Erleuchtung, Ganzheit, Weisheit, Heilung von Krankheiten, Verminderung von Ängsten oder Erhöhung von gesundheitsbewussten Verhaltensweisen. Unter Entspannungstechniken versteht man allerdings heute meist Verfahren, die nicht unbedingt auf eine spirituelle Erleuchtung abzielen, sondern dem Patienten eine physische oder psychische Beschwerdefreiheit verschaffen sollen. Sie haben nicht nur eine Bedeutung bei der Beseitigung krankhafter Zustände, sondern dienen der Persönlichkeitsentwicklung und werden daher auch von Gesunden praktiziert, um Befinden und Leistungsfähigkeit zu verbessern.

Ein Entspannungstraining sollte man optimalerweise in Interaktion mit einem erfahrenen Trainer lernen, alleine oder in einer Gruppe. Dies stellt definitiv die beste Möglichkeit dar; nur so kann man Fragen stellen, wenn etwas nicht klappt, und der Lehrer kann schnell eingreifen, wenn der Trainierende Fehler macht.

BITTE SUCHEN SIE JETZT (z. B. im Internet), WO UND VON WEM ENTSPANNUNGSTRAININGS IN IHRER REGION ANGEBOTEN WERDEN. MELDEN SIE SICH DORT AN.

Entspannungstrainer sind (quasi definitionsgemäß) nett und sympathisch, sie haben in der Regel Verständnis für Ihre Befürchtungen und werden Sie dabei begleiten, ein Verfahren zu lernen und Ihnen helfen, in die Gruppe anderer Teilnehmer hineinzuwachsen.

Nur wenn Sie einen solchen Lehrer gar nicht aufsuchen können, sollten Sie sich hilfsweise eine CD mit einem Entspannungstraining kaufen, bzw. eine entsprechende Audiodatei aus dem Internet herunterladen. Hier gibt es eine unüberschaubare Vielzahl von Angeboten. Reine „Wellness"-Musikstücke mit Meeresrauschen, Trommeln oder Wal-Gesang können sehr nett und entspannend sein, sie erfüllen aber oft die eigentliche Aufgabe nicht. Ziel ist ja, dass Sie sich in allen möglichen Situationen, in denen die Angst in Ihnen hochkriecht, entspannen können. Was ist, wenn Sie dann das Musikstück nicht dabeihaben? Sie sollen letztlich lernen, sich mit Hilfe Ihrer eigenen Gedanken und innerer Worte zu entspannen. Wenn Sie sich zum Kauf einer CD oder zum Download entschließen, sollte das Stück auch einen gesprochenen Text umfassen, mit dem Sie lernen, sich selbst zu entspannen. Das gekaufte Musikstück lassen Sie dann irgendwann weg und üben die Entspannung mit Ihren eigenen Gedanken.

Es gibt einige Kontraindikationen gegen Entspannungstrainings. Bei bestimmten Krankheiten darf die Progressive Muskelentspannung nicht angewendet werden. Insbesondere wenn Sie unter viel zu niedrigem Blutdruck leiden, kann Vorsicht geboten sein, da in der Entspannung der Blutdruck noch weiter sinkt. Dann kann es z. B. zu Gefühlen des Schwindels kommen. Außerdem gibt es einige Muskel- und orthopädische Skeletterkrankungen, bei denen die Übungen unter Umständen Schmerzen bereiten können. Entspannungsverfahren sind nicht geeignet für Patienten mit einer Psychose, z. B. einer Schizophrenie. Menschen mit schwerwiegenden Angstzuständen, z. B. einer Agoraphobie, sollten die Übungen nur in Anwesenheit eines ausgebildeten Lehrers beginnen. Patienten mit schweren Formen einer Depression können unter Umständen im tiefentspannten Zustand mit einem Ozean an Traurigkeit in ihrer eigenen Psyche konfrontiert werden. Auch hier ist es sicherer, das richtige Entspannungsverfahren auszuwählen und sich die Übungen von einem entsprechend ausgebildeten Lehrer beibringen zu lassen. Sollten Sie an einer Krankheit leiden, befragen Sie Ihren Arzt, bevor Sie mit dem Entspannungstraining beginnen!

Ablenkende Gedanken während einer Entspannungsübung sind normal. Schieben Sie diese Gedanken einfach zur Seite, sobald Sie wahrnehmen, dass Sie über irgendetwas nachdenken. Konzentrieren Sie sich dann wieder auf die Entspannungstechnik. Im Verlauf des Trainings werden diese ablenkenden Gedanken immer weniger, und Sie erreichen eine stetig tiefer werdende Erholung.

Bei jeder Entspannungsübung werden nach einiger Zeit ablenkende Gedanken auftreten. Ihnen schießt ins Gehirn, dass Sie noch dringend ein Geschenk für Ihre Tante besorgen müssen, sie fangen gedanklich an, einen schwierigen Brief zu diktieren oder überlegen, was Sie morgen zum Essen kochen sollen. Solche ablenkenden Gedanken sind normal. Wir brauchen sie aber gerade nicht, jetzt im Moment ist es viel, viel wichtiger sich zu entspannen und die eigenen Batterien einmal aufzuladen. Was Sie Tante Erna zum Geburtstag schenken, darüber können Sie noch den Rest des Tages nachdenken. Also schieben Sie diese Gedanken einfach zur Seite und konzentrieren Sie sich wieder auf den Zustand der Entspannung.

Die **„Progressive Muskelrelaxation"** (PMR) ist das am einfachsten zu erlernende Verfahren. Es wurde im Jahre 1938 von dem Psychologen Edmund Jacobsen in Amerika entwickelt. PMR ist die bekannteste Technik zur Verminderung und Prävention von Stress, bzw. zur Reduzierung von Angst, und sie hilft entscheidend, den eigenen Körper und seine Reaktionen besser kennenzulernen. Progressive

Muskelentspannung wirkt oft schon nach den ersten Anwendungen positiv. Das Prinzip der Progressiven Muskelentspannung ist einfach. Verschiedene Muskelpartien werden angespannt und nach kurzer Zeit wieder losgelassen. Durch den Kontrast zwischen Muskelspannung und Loslassen nimmt man die eintretende Entspannung wesentlich intensiver wahr als ohne vorherige Anspannung. Der wichtige Teil ist aber, die Entspannung zu spüren.

Die Progressive Muskelentspannung kann man, wenn man das Verfahren beherrscht, unter fast allen Bedingungen einsetzen. Sei es abends zum Einschlafen vor einem belastenden Tag, während einer Besprechung, in Angstsituationen, kurz vor Prüfungen, im Büro, im Zug/Flugzeug oder während einer kurzen Rast bei einer langen Autofahrt, u.v.m.

Die Durchführung dauert zunächst rund eine halbe Stunde, wenn Sie alle Übungen durchführen. Das kann auf die Dauer etwas zu lange sein. Sie sollten daher darauf achten, welche Muskeln in Ihrem Körper besonders zu Verspannungen und Verkrampfungen neigen, und Sie sollten dann diese Muskelgruppen bevorzugt beüben. Das Training lässt sich dadurch auf rund 10 bis 15 Min. reduzieren, ein Zeitraum, der allgemein als ausreichend angesehen wird.

Bitte überlegen Sie sich nun zunächst einmal, wann Sie das Entspannungstraining ungestört durchführen können. Für viele Menschen, die im Berufsleben stehen oder die Kinder haben, ist es nicht so einfach, einen zeitlichen Freiraum zu finden, in dem man völlig ungestört ist. Es ist aber wichtig, gerade in der Anfangszeit die Muskelentspannung täglich zu üben, sonst lernen Sie nicht wirklich, Körper und Geist zu entspannen und sich in Stress-Situationen mental herunterzufahren. Also: Wann im Tagesverlauf geht es?

Die Übung kann im Liegen oder im Sitzen durchgeführt werden. Enge Kleidungsstücke sind zu vermeiden und störende Utensilien, wie Brille und ggf. auch die Armbanduhr oder einengender Schmuck, sollten abgelegt werden. Die Entspannungsübungen können mit offenen oder geschlossenen Augen durchgeführt werden, geschlossene Augen sind meist besser, da man sich dadurch intensiver auf das Körpergefühl konzentrieren kann.

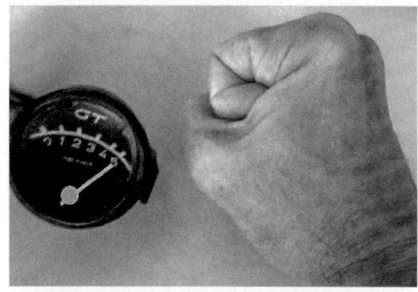

Stellen Sie sich ein Messgerät vor, mit dem man die Kraft des Körperteils messen kann.
Ballen Sie nun Ihre Hand zur Faust, bis dieses imaginäre Messgerät die höchste Stufe anzeigt. Halten Sie die Anspannung für einige Sekunden, spüren Sie die Kraft.

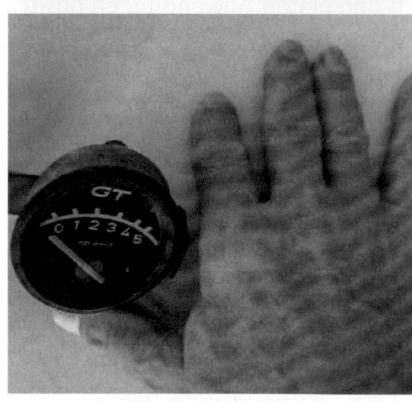

Nun lassen Sie völlig los. Das Messgerät sollte auf null stehen. Es ist keine Spannung mehr in der Hand. Konzentrieren Sie sich auf den Unterschied zum angespannten Zustand.
Spüren Sie die wohltuende Lockerheit der Hand für etwa 10 bis 30 Sekunden.
Wenn Sie möchten können Sie diese Übung ruhig mehrfach wiederholen.

Folgende Muskelpartien werden an- und dann wieder entspannt:

- rechte Hand (Faust fest ballen)
- rechter Unterarm (Hand nach oben und nach unten ziehen)
- rechter Oberarm (Arm anwinkeln, Bizeps schwellen lassen)
- dasselbe dann mit der linken Hand, dem linken Unterarm, dem linken Oberarm
- Stirn (Stirn in Falten legen und danach wütend gucken)
- Augenpartie (Augen zusammenkneifen und Augen aufreißen)
- Nase (Schnüffeln wie ein Kaninchen)
- Mundpartie/Unterkiefer (Mund aufreißen und danach Mund fest zusammenpressen)

- Nacken (Kopf anheben, Kopf nach hinten drücken, Kopf Richtung rechte und linke Schulter bewegen)
- Schultern (Schultern anheben, Schultern nach unten drücken)
- Rücken (Hohlkreuz machen, dann zusammenkrümmen)
- Bauch (Bauchmuskeln anspannen)
- rechter Fuß (Zehen anspannen)
- rechter Unterschenkel (Fuß nach oben ziehen und dann wie eine Primaballerina nach unten zeigen lassen)
- Oberschenkel fest zusammenpressen
- dasselbe dann mit dem linken Fuß, linken Unter- und Oberschenkel.

Das Anspannen sollte, je nach Kraft und Körperteil, ca. 3–5 Sekunden dauern. Die Aufmerksamkeit wird dabei zunächst auf die Anspannung in genau diesem Bereich gelenkt, danach aber auf die nun nachfolgende Entspannung. Das Fühlen der Entspannung ist der eigentlich wichtige Teil und sollte rund 10 bis zu 30 Sekunden dauern, bis Sie mit dem nächsten Anspannen fortfahren.

Wenn man alle Muskelpartien des Körpers entspannt hat, ist die Übung noch nicht zu Ende, dann genießt man den angenehmen Entspannungszustand noch einige Minuten. Sehr schön ist es, hier in Gedanken noch einmal durch den gesamten Körper hindurchzuwandern. Spüren Sie einmal jeden einzelnen Finger, nehmen Sie erst den rechten, dann den linken Arm wahr. Versuchen Sie intensiv ihr Gesicht zu fühlen und wandern Sie nun weiter durch den restlichen Körper. Lösen Sie bewusst Verspannungen, falls Sie hierbei noch welche fühlen. Dieser Teil kann durchaus mehrere Minuten dauern.

Erst jetzt macht man die Augen wieder auf. Ballen Sie einige Male die Hände zu Fäusten, räkeln und strecken Sie sich wie am Sonntagmorgen, wenn man ausgeschlafen aufwacht, und gehen Sie bewusst ganz langsam aus der Entspannung heraus. Erst dann richtet man sich aus der liegenden Haltung vorsichtig wieder auf.

ACHTUNG: Ein plötzliches Aufstehen aus einem tiefentspannten Zustand kann zu Schwindelgefühlen führen und sollte daher unbedingt vermieden werden!

Atemübungen stellen eine gute Möglichkeit dar, in den Zustand einer Tiefenentspannung zu gelangen. Wichtig ist hierbei, nicht damit zu beginnen erzwungen langsam oder tief zu atmen. Ihr Körper weiß, wie er atmen muss, da braucht Ihr Verstand sich nicht einzumischen. Auch Atemübungen kann man im Sitzen, im Liegen und zur Not sogar im Stehen absolvieren. Am besten führt man diese Übungen in der freien Natur oder zumindest bei geöffnetem Fenster durch.

Spüren Sie einfach Ihren Atem, konzentrieren Sie sich darauf, wie sich dabei ihre Bauchdecke hebt und senkt, bzw. wie sich der Brustkorb ausdehnt und wie-

Kraft und Energie einatmen ⇒

Verbrauchtes und Müll ausatmen ⇒

der zusammenzieht. Nachdem Sie das einige Zeit wahrgenommen haben, stellen Sie sich vor, dass Sie mit jedem Ausatmen verbrauchten Müll, Sorgen und Krankheiten aus Ihrem Körper entfernen. Mit jedem Einatmen aber versorgen Sie Ihren Körper mit frischem Sauerstoff! Spüren Sie, wie die saubere Luft in Ihre Lungen hineingezogen wird und sich in Ihrem Körper ausbreitet und jedes Organ mit frischer Energie versorgt. Genießen Sie die völlige Entspannung Ihres Körpers. Schieben Sie dabei alle belastenden Gedanken zur Seite. Es ist nicht wichtig, sich jetzt Sorgen über irgendetwas zu machen. Darüber können Sie später noch genug nachdenken. Während des Entspannungstrainings ist es nur wichtig, Energie zu tanken, die Sie brauchen, um Ihr Leben zu meistern.

Auch diese Übung sollte man niemals abrupt beenden, sondern aus dem entspannten Zustand langsam wieder wach werden.

Hat man es einmal gelernt, mit Atemübungen bewusst einen Zustand der Entspannung herbeizuführen, dann kann man diese Technik in jeder belastenden Situation durchführen, selbst mitten in einer Prüfung. Der Körper ist darauf konditioniert worden, diese Atemübungen damit gleichzusetzen, dass man in einer ruhigen und entspannten Situation ist. Manchmal reichen schon einige ruhige, tiefe Atemzüge, um herunterzufahren und einen Zustand gestresster Hektik damit zu beenden und wieder rational zu funktionieren.

Autogenes Training wurde 1932 von dem Berliner Nervenarzt Johannes Heinrich Schultz entwickelt. Es ist etwas schwieriger zu erlernen, wird aber von vielen Menschen als positiver empfunden, da die „Turnübungen" der PMR hier fehlen. Auch das Autogene Training kann im Liegen oder im Sitzen durchgeführt werden. Kurz vor einer Prüfung sogar, indem man sich in einer zusammengesunkenen „Droschkenkutscher-Haltung" in der Toilette einschließt und bewusst die innere Angst reduziert.

Autogenes Training beinhaltet eine Abfolge verschiedener Übungen mit selbst-suggestiven Gedankengängen. Man beginnt im Rhythmus des Atems zu

denken: *„Ich bin ganz ruhig."* Wobei meist die ersten drei Worte *„Ich bin ganz..."* beim Einatmen gedacht werden und ein sehr langgezogenes *„...ruhig"* dann beim Ausatmen. Sobald man dies beherrscht und tatsächlich innerlich ruhig ist, kommen weitere Übungen hinzu. Neben der Formel *„Ich bin ganz ruhig"* ist der nächste Gedankengang, den man jeweils mehrmals wiederholen sollte: *„Mein rechter Arm ist schwer."* Dies übt man so lange, bis der Arm sich tatsächlich schwer anfühlt. Anschließend folgen weitere Übungen, die man an den individuellen Zustand des Übenden anpassen kann, etwa *„Mein Herz schlägt ruhig"*, *„Mein Herz schlägt kräftig"*, *„Mein Sonnengeflecht ist strömend warm"* oder auch *„Mein Bauch ist strömend warm"*. Bis hin zur Übung *„Meine Stirn ist angenehm kühl"*. Das Erstaunliche ist, dass diese Zustände nach einiger Zeit des Übens tatsächlich irgendwann eintreten. Man braucht meist eine gehörige Portion Geduld, bis es klappt, aber irgendwann fühlt die rechte Hand sich ungemein schwer und die Stirn angenehm kühl an.

Wenn alle Stufen beherrscht werden, kann man noch eigene suggestive Formulierungen einbauen. Möchte jemand mit dem Rauchen aufhören, so nützt es zum Beispiel im tiefentspannten Zustand zu denken: *„Ich atme nur noch frische Luft."* Möchte man seine Ängste loswerden, dann konzentriert man sich im entspannten Zustand auf: *„Ich bin mutig."*

Hypnose hört sich für den Laien nach gefährlicher Beeinflussung eines willenlos gemachten Menschen an, es ist aber letztlich auch nur ein von außen herbeigeführter tiefer Entspannungszustand. Mit Techniken wie dem Autogenen Training kann man einen Zustand der Selbst-Hypnose erreichen. Allerdings lässt sich Hypnose normalerweise nicht alleine durchführen, sondern setzt einen Hypnotiseur voraus. Im Zustand der hypnotischen Trance ist das Bewusstsein stark eingeengt, die Person schläft aber nicht und reagiert auf Umweltreize. Dadurch werden Suggestionen verstanden und aufgenommen. Der Vorteil ist, dass es nicht wie etwa beim Autogenen Training, langen Übens bedarf. Allerdings sind die meisten Menschen nicht sofort hypnotisierbar; in der Regel muss der Hypnotiseur zunächst Vertrauen aufbauen und dann bedarf es mehrerer Sitzungen bis wirklich ein Zustand tiefer Trance erreicht werden kann.

Qigong: Das rund 2.000 Jahre alte chinesische Qigong beinhaltet wie das indische Yoga nicht nur geistige Aufgaben, sondern auch körperliche Übungen. Qigong ist heute noch ein Grundelement der chinesischen Medizin. Diese unterscheidet die beiden gegensätzlichen Kräfte „Yin" und „Yang", erst deren harmonisches Zusammenspiel ermöglicht den Ablauf natürlicher Vorgänge. Das Yin symbolisiert das Absteigende, Kältere, Ruhigere, Materielle, Dunkle, das Yang steht für das Aufsteigende, Heiße, Bewegte, Energiegeladene, Helle. Das Qi ist die universelle Lebensenergie, die den ganzen Kosmos durchdringt. Im menschlichen Organismus fließt es ähnlich wie But durch den Körper. Es wird aus der Nahrung und aus der Atemluft gewonnen, daher spielt bewusstes Atmen auch hier eine große Rolle. Nach chinesischer Auffassung werden Qi-Stagnationen durch ein Ungleichgewicht zwischen Yin und Yang hervorgerufen. Qigong zielt darauf ab, den Qi-Fluss wieder zu verbessern. Die Übungen sehen aus wie extrem langsam und harmonisch ausgeführte Gymnastik, hierdurch erhält das Qigong eine starke konzentrative Komponente.

Yoga: Yoga ist schon über 4.000 Jahre alt. Im Vordergrund stehen bestimmte Körperhaltungen (Asanas) und eine besondere Atemtechnik (Pranayama). Yoga zielt auf eine Vereinigung von Geist und Körper und bezweckt deren vollendete Harmonie. Der klassische Yoga-Weg beinhaltet acht Teilschritte, die ineinandergreifen und dem Menschen die Möglichkeit geben, durch Entfaltung inneren Kräfte höchste Ziele zu erreichen. Hierbei spielen „Pratyahara" das Zurückziehen der Sinne, „Dharana" Konzentration und „Samadhi", die Erleuchtung eine wesentliche Rolle.

Zen ist das japanische Wort für die spezielle Meditation der Buddhisten. Das Objekt ist nicht wie bei anderen Meditationsarten ein inneres, sondern die Außenwelt. Der Zen-Schüler meditiert mit offenen Augen und versucht die volle Aufmerksamkeit auf das absolute Hier und Jetzt zu richten. So beginnen die einfacheren Zen-Übungen mit einer Konzentration auf den eigenen Atem. Im Zen-Buddhismus hat der Meditationsschüler oft auch sogenannte Koans zu lösen, bei denen es sich um logisch unlösbare Paradoxa handelt, die nur intuitiv, holistisch erkennbar sind. Eine solche Zen-Geschichte lautet zum Beispiel:

>> *Es war in China eine alte Frau, die mehr als zwanzig Jahre lang für einen Mönch gesorgt hatte. Sie hatte ihm eine kleine Hütte gebaut und ihn mit Nahrung versorgt, während er meditierte. Schließlich wollte sie wissen, welche Fortschritte er in all dieser Zeit gemacht hatte. Um das herauszufinden, erbat sie die Hilfe eines Mädchens, das sehr begehrlich war. „Geh und umarme ihn", sagte sie zu ihr, „und dann frage ihn plötzlich: Was nun?"*

Das Mädchen ging zu dem Mönch, liebkoste ihn, ohne viele Umstände zu machen und fragte, was sie nun tun sollten.

„Ein alter Baum wächst auf einem kahlen Fels im Winter", antwortete der Mönch. „Weit und breit keine Wärme."

[Aus: Paul Reps: Ohne Worte – ohne Schweigen. Zen-Geschichten und andere Zen-Texte aus vier Jahrtausenden. O. W. Barth Verlag, 1976]

Die **Transzendentale Meditation** gilt als Weiterentwicklung altindischer Meditationssysteme. Sie ist eng mit dem Namen des Inders Maharishi Mahesh Yogi verbunden, der die Technik in westlichen Ländern einführte. Ziel ist es, durch Erweiterung des Bewusstseins Energie und Intelligenz zu steigern und gleichzeitig Spannungen und Stress abzubauen. Es handelt sich um eine wache aber passive Konzentration auf ein äußeres oder inneres Objekt, die zur geisti-

gen Sammlung führt. „Passiv" bedeutet hierbei die Vermeidung ablenkender Gedanken, „Konzentration" das Halten der Aufmerksamkeit. Die Meditation muss von zwei anderen Zuständen abgegrenzt werden: vom aktiven Denken und vom passiven Dösen. Meditation ist ein Prozess, der sehr tief nach innen geht, in dem man mit uralten Erlebnissen und Gefühlen konfrontiert werden kann. Sinnvoll ist es immer, zunächst ein Entspannungsverfahren zu machen. Hierbei lässt sich die Progressive Muskelentspannung am leichtesten erlernen, gefolgt von Autogenem Training. Erst dann ist man reif für die Meditation, die oft als Königin dieser Verfahren dargestellt wird. Der Übende richtet seine Aufmerksamkeit auf ein Mantra, ein meist ein- oder zweisilbiges Wort, das im Rhythmus des Atems im Kopf kreist, während alle anderen Gedanken zur Seite geschoben werden. Richtig angewandt führt die Transzendentale Meditation in der Tat zu geistiger Klarheit, erhöhter Leistungsfähigkeit und verbesserter Kreativität. Die transzendentale Meditation wird in der Regel zweimal täglich für jeweils 20 Min. ausgeführt.

Praktische Übungen:

Die meisten Entspannungsverfahren und insbesondere Techniken der Meditation sollten nur in Anwesenheit eines erfahrenen Lehrers erlernt werden. Es gibt aber einige Vorübungen, die Sie ausprobieren können, um zu prüfen, ob Sie von solchen Techniken profitieren. Bitte beachten Sie aber die folgenden Grundvoraussetzungen für alle Übungen:

- Legen Sie sich möglichst bequem auf eine Couch, ein Bett oder auf eine Decke auf dem Fußboden.
- Achten Sie darauf, dass Ihre Kleidung Sie nicht einengt. Am besten ziehen Sie einen bequemen Jogginganzug oder etwas Ähnliches an.
- Suchen Sie sich eine Tageszeit, an der Sie üblicherweise nicht gestört werden.
- Die letzte Mahlzeit sollte 1-2 Stunden her sein. Hungergefühl wie auch ein sehr voller Magen können störend sein.
- Stellen Sie Ihr Telefon leise.
- Benutzen Sie die Toilette vor der Übung, damit Sie nicht durch eine volle Blase abgelenkt werden.
- Eine Entspannungsübung von 10-20 Minuten Dauer ist ausreichend. Auch wenn Ihnen die Übungen sehr gefallen, sollten Sie diese nicht übermäßig lang durchführen. Ein Übermaß an Entspannung ist letztlich genauso schädlich wie ein Übermaß an Anspannung. Beides sollte im Gleichgewicht sein.
- Sollten Sie doch einmal gestört werden, dann springen Sie niemals einfach auf. In der Entspannung kann auch der Kreislauf so weit heruntergefahren

sein, dass Ihnen mit einiger Wahrscheinlichkeit dann schwarz vor Augen werden kann. Beenden Sie die Übungen langsam, ballen Sie zunächst mehrfach Ihre Hände zu Fäusten, recken und räkeln Sie sich einen Augenblick lang wie am Sonntagmorgen im Bett, und richten Sie sich dann langsam auf. Atmen Sie einige Male tief durch.

- Sollten Sie einmal bei einer Übung plötzlich sehr unruhig, nervös oder sogar ängstlich werden, dann öffnen Sie die Augen und brechen Sie diese Übung ab. Sollte dies mehrfach geschehen, dann müssen Sie zunächst einen Psychologen oder psychologisch geschulten Arzt fragen, ob Sie für ein solches Entspannungstraining geeignet sind.

1. Übung

Legen Sie sich hin und schließen Sie die Augen. Konzentrieren Sie sich nun zunächst auf die Geräusche der Umwelt. Vielleicht hören Sie eine Uhr ticken, ein Auto vorbeifahren oder Menschen in der Entfernung sprechen. Nehmen Sie einfach wahr, ohne viel darüber nachzudenken. Richten Sie Ihr Gehör von einer Geräuschquelle zur anderen. Nach einigen Minuten, der genaue Zeitraum ist nicht sehr wichtig, lenken Sie Ihre Aufmerksamkeit auf sich selbst. Spüren Sie, wie Sie atmen. Wie fühlt sich Ihr Körper an? Versuchen Sie zu fühlen, wie Ihr Körper schwer und müde auf der Unterlage liegt. Nach einigen Minuten wechseln Sie erneut und richten Ihre Aufmerksamkeit wieder auf die Geräusche der Umwelt und dann nochmals auf Ihren Körper. Beenden Sie die Übung dann wie oben beschrieben.

2. Übung

Legen Sie ein Musikstück auf, das Sie gerne mögen. Am besten eignen sich reine Instrumentalstücke ohne Gesang, die eher langsam und beruhigend sind. Das kann klassische Musik sein (etwa die vier Jahreszeiten von Vivaldi, aber auch Wellness- oder Chill-out-Musik). Legen Sie sich wieder möglichst bequem hin, schließen Sie die Augen und versuchen Sie sich zu entspannen. Nun sollten Sie Ihr Denken nur noch auf die Musik konzentrieren. Schieben Sie alle Gedanken sanft beiseite, sie sind jetzt nicht wichtig. Versuchen Sie, nur noch die Musik wahrzunehmen. Stellen Sie sich vor, Sie seien ein Vogel oder in einem Segelflugzeug und gleiten über Landschaften hinweg. Oder stellen Sie sich vor, Sie seien auf einem Spaziergang. Passen Sie Ihre Phantasie-Landschaften der Musik an, die Sie gerade hören.

3. Übung

Legen Sie sich möglichst bequem hin und schließen Sie wieder die Augen. Denken Sie nun beim Einatmen das Wort *„ganz"* und beim Ausatmen das Wort *„ruhig"*. Dehnen Sie diese beiden Wörter im Geist so lange, dass sie dem Atemrhythmus angepasst sind. Versuchen Sie, an nichts anderes zu denken als an diese beiden Wörter und spüren Sie, wie Sie selbst und Ihr Körper tatsächlich „ganz ruhig" dabei werden.

4. Übung

Für diese Übung benötigen Sie möglichst einen Partner, der die folgenden Sätze mit ruhiger Stimme vorliest. Man kann sich den Text natürlich auch selbst auf ein Aufnahmegerät (z. B. sein Handy oder Smartphone) sprechen und sich dann vorspielen. Nach jedem einzelnen Satz sollte eine Pause von etwa fünf bis zwanzig Sekunden gemacht werden, damit der Übende ausreichend Zeit hat, das Gesagte auch nachzuvollziehen und zu spüren. Steht keine Uhr mit Sekundenzeiger zur Verfügung, dann sollte man am besten drei bis fünf Atemzüge abzählen, ehe der nächste Satz vorgelesen wird.

Legen Sie sich wieder in einer möglichst entspannten Situation bequem hin und schließen Sie die Augen. Der Text lautet (links Du-Form, rechts Ich-Form):

Dein Körper entspannt sich jetzt völlig.	*Mein Körper entspannt sich jetzt völlig.*
Die Gedanken beruhigen sich.	*Die Gedanken beruhigen sich.*
Nichts ist wichtig außer der völligen Ruhe.	*Nichts ist wichtig außer der völligen Ruhe.*
Deine Arme und Beine fühlen sich schwer an.	*Meine Arme und Beine fühlen sich schwer an.*
Mit jedem Atemzug wirst Du ruhiger.	*Mit jedem Atemzug werde ich ruhiger.*
Harmonie breitet sich langsam aus.	*Harmonie breitet sich langsam aus.*
Du fühlst Dich glücklich und geborgen.	*Ich fühle mich glücklich und geborgen.*
Alles ruht in Dir.	*Alles ruht in mir.*
Du fühlst Dich von einer Aura der Sicherheit umgeben.	*Ich fühle mich von einer Aura der Sicherheit umgeben.*
Nichts anderes ist wichtig, nur die Entspannung.	*Nichts anderes ist wichtig, nur die Entspannung.*
In Deinem Körper fühlst Du Harmonie und Wohlbefinden.	*In meinem Körper fühle ich Harmonie und Wohlbefinden.*
Du fühlst Dich gesund.	*Ich fühle mich gesund.*
Du bist völlig ruhig und entspannt.	*Ich bin völlig ruhig und entspannt.*

Du fühlst Dich kräftig.	Ich fühle mich kräftig.
Du bist völlig ruhig und entspannt.	Ich bin völlig ruhig und entspannt.
Du fühlst Dich frei.	Ich fühle mich frei.
Du kannst alle Deine Ziele erreichen.	Ich kann alle meine Ziele erreichen.
Du bist völlig ruhig und entspannt.	Ich bin völlig ruhig und entspannt.
Auch nach dieser Übung fühlst Du Dich ruhig, nichts regt Dich mehr auf.	Auch nach dieser Übung fühle ich mich ruhig, nichts regt mich mehr auf.
Du bist ruhig und stark.	Ich bin ruhig und stark.
Nun kehrst Du behutsam wieder in das Hier und Jetzt zurück.	Nun kehre ich behutsam wieder in das Hier und Jetzt zurück.
Atme dreimal tief durch und öffne dann langsam die Augen.	Ich atme dreimal tief durch und öffne dann langsam die Augen.

 ## GEFÜHLE: MUSS DAS SEIN?

» Längs dunkler Hallen wandelt
trotzig ein verwaister Greis
in stolzer Einsamkeit.
Doch sein Geist verschandelt
im wehmütigen Gedankenkreis
verbleichtes Erinnern an sie, diese, eine, seine Maid.

Voll Hoffnung blickt er in die Nacht,
sucht Zeichen dort am Firmament
von gnadenhaftem Schicksal.
Das Gestern hat ihm nur gebracht,
was schmerzlich in der Seele brennt,
die Lust der liebevollen Qual.

(E. Kasten)

Dieses melancholische Gedicht zeigt, dass auch alte Menschen noch ebenso verliebt sein können wie junge. Liebe ist eine Frage des Gefühls. Warum die Natur solche Emotionen entwickelt hat, ist Ihnen vermutlich klar. Lange bevor das

Gehirn Sprache und rationales, logisches Denken hervorgebracht hat, mussten biologische Prinzipien ein Lebewesen irgendwie steuern. In Zeiten, in denen die Vorfahren unserer Vorfahren noch auf dem Grund der Urzeitmeere lebten, bekam Mutter Natur die schwierige Aufgabe, sich einen Mechanismus auszudenken, um ein Tier dazu zu bringen, Nahrung aufzunehmen, sich zu vermehren oder gefährliche Situationen zu vermeiden. Im Lauf von rund 500 Millionen Jahren entwickelten sich hierfür Zentren im Gehirn, die genau diese als positiv oder als negativ empfundenen Gefühle produzieren können, um ein Tier damit zu überlebenswichtigem Verhalten zu bringen. Bestimmte Botenstoffe, wie z. B. die Beta-Endorphine, erzeugen im Gehirn einen leicht euphorischen Rauschzustand. Verhaltensweisen, in denen sie produziert werden, führt das Tier nach den Gesetzen der sogenannten „operanten Konditionierung" daher häufiger aus, da sie Spaß machen. Hierzu gehören z. B. die Nahrungsaufnahme, vor allem aber die Sexualität. Ein Lebewesen, das von seinem Gehirn dafür belohnt wird, dass es Nahrung sucht und frisst, hat in einer kargen Umwelt bessere Überlebenschancen. Ein Lebewesen, das von seinem Gehirn dafür belohnt wird, dass es Sexualverhalten zeigt, hat größere Chancen, dass sich seine Spezies weiter verbreitet. Mit Gefühlen steuert Mutter Natur also grundlegende Verhaltensweisen, die der Arterhaltung dienen.

Wozu dann aber Gefühle wie Angst und Aggressionen? Auch unangenehme Emotionen erfüllen eine wichtige Rolle. Ein aggressives Tier kann sich gegen andere besser wehren als ein friedfertiges. Hier hat auch Angst eine bedeutsame Rolle, sie warnt davor, sein eigenes Leben nicht leichtfertig aufs Spiel zu setzen. Höhenangst ist sinnvoll, damit man nicht in die Tiefe stürzt, Angst vor Schlangen ist biologisch ebenso wichtig, da Schlangen ziemlich giftig sein können, Angst vor Dunkelheit ist absolut nicht verkehrt, da man in der Finsternis Raubtiere nicht rechtzeitig erkennen kann. Auch Angst vor fremden Menschen ist biologisch geprägt, da man die anderen ja noch nicht kennt und erst herausfinden muss, ob sie einem gut oder böse gesinnt sind. In der Steinzeit gab es keinen Sheriff, der über Recht und Ordnung wachte, und man musste immer damit rechnen, dass ein unbekannter Höhlenmensch seine Keule schwang. Daher warnt uns die Angst bei fremden Menschen *„Sei auf der Hut!"*, was nicht unbedingt leicht durchzuhalten ist, wenn man dicht gedrängt mit mehreren Hundert Menschen am Bahnsteig auf die Hamburger U-Bahn wartet.

Gefühle haben immer eine angeborene Basis, sie sind genetisch fest in unser Gehirn einprogrammiert. Allerdings verfügen gerade Säugetiere über ein extrem anpassungsfähiges Gehirn, das sich je nach Anforderungen auf unterschiedlichste Situationen einstellen kann. Ein Tier, das im Gebirge an einer bestimmten Stelle abrutscht und beinahe in eine Schlucht gestürzt wäre, lernt, dass diese Stelle gefährlich ist. Künftig wird sein Gehirn ein Angstgefühl pro-

Das Gehirn ist wie ein Kleiderschrank: Wenn er voll ist, ist er voll und man muss aussortieren und wegwerfen. Das macht Ihr Gehirn ständig; es sortiert ein, es sortiert aus und vergisst, was keine Rolle mehr spielt.

duzieren, wenn es diesem Ort wieder näher kommt, und das Tier meidet dieses Areal. Es hat eine neue Angst gelernt.

Ebenso kann man Angst aber auch wieder verlernen. Die Evolution hat unser Gehirn mit einem festen Schädelknochen umgeben, so dass das ZNS nicht stetig weiterwachsen kann. Wenn Sie einen bis zum Bersten vollen Kleiderschrank haben, müssen Sie erst ein Stück aussortieren, bevor Sie sich etwas Neues kaufen können. Auch das Gehirn erreicht irgendwann Grenzen, in denen es sich selbst aufräumen muss. Das macht es nachts, wenn Sie glauben, dass Sie schlafen. Im Schlaf ordnet das Gehirn seine Erinnerungen; Wichtiges wird gut sortiert und frisch gebügelt an einer prominenten Stelle abgelegt; alles wovon Ihr Denkapparat glaubt, dass es unwichtig ist und eh' nicht mehr benötigt wird, zerknüllt es und sortiert es aus. Damit lassen sich gelernte Ängste dann auch wieder verlernen.

Ich selbst bin lange Jahre Motorrad gefahren. Einmal, es war auf der Autobahn, überkam mich plötzlich ein Schwindelgefühl, zwar nur für wenige Sekunden, aber Schwindel und Motorradfahren sind absolut nicht kompatibel! Ich fuhr rechts auf die Standspur, hielt an und wartete einige Minuten ab. Der Schwindel war längst weg, aber der Schreck saß tief. Ich fuhr den Rest der Strecke sehr vorsichtig. Das Sonderbare war, dass ich danach wochenlang Probleme hatte, mit der schweren BMW auf einer Autobahn zu fahren. Landstraßen und Stadtverkehr stellten kein Problem dar, aber sobald ich auf die Autobahn einbog, stellte sich eine sonderbar-skeptische Vorahnung ein, mir könne wieder schwindelig werden und ich fuhr, als hätte ich rohe Eier geladen. Da ich weiß, wie man Ängste bewältigt, bin ich stur weiter Autobahn gefahren, aber es dauerte Monate, bis dieses untergründige Gefühl, mir könne schwindelig werden, nach und nach verblasste und irgendwann völlig verschwunden war.

Dies liegt daran, dass bereits ein einmaliger großer Schreck im Gehirn sofort eine Verknüpfung mit dem Angstzentrum verursacht. Die kurze Panik durch den Schwindel war mit der Autobahn verbunden worden, und es entwickelte sich ein Angstgefühl, sobald dem Gehirn die Situation ähnlich erschien. Letztlich wollte es mich nur vor einem Fehler warnen, aber lästig war es schon; das Motorradfahren sollte mir ja Spaß bringen.

Auf physiologischer Ebene geschieht diese Konditionierung (wie jeder Lernprozess) so, dass eine Nervenzelle, die etwas Neues lernt, ein winzig kleines Ärmchen ausbildet und darüber mit einer anderen Nervenzelle Kontakt aufnimmt. Stetige Wiederholung führt dazu, dass das Ärmchen quasi kräftige Muskeln ausbildet. Der pralle Bizeps wird bekanntermaßen leider schnell immer dünner, wenn man den Arm nicht mehr trainiert. Das ist beim Vergessen ebenso: Die Verbindung zwischen Nervenzellen wird stetig schwächer und reißt irgendwann ganz ab. Das Verschwinden einer Verknüpfung schafft aber wiederum Platz für neue, andere Verschaltungen.

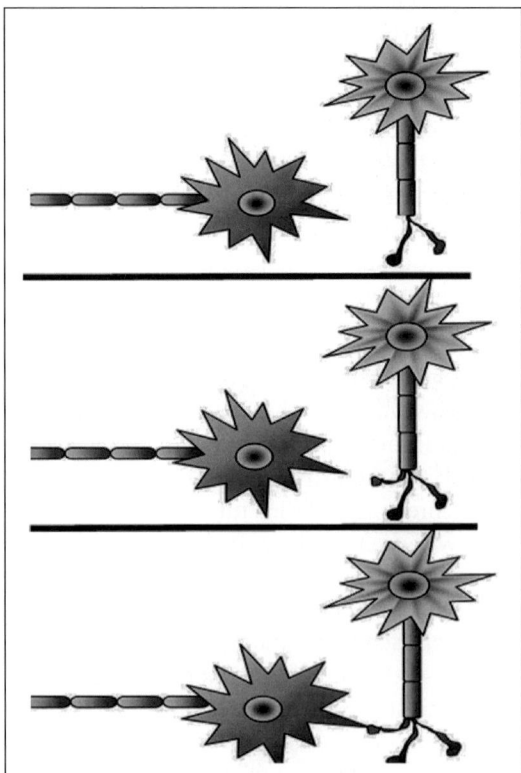

Etwas Neues dazulernen bedeutet, dass sich im Gehirn zwei Nervenzellen miteinander verknüpfen. Sie bilden eine neue Schaltstelle („Synapse"). Im Vergessen läuft dieser Prozess rückwärts. Um Platz für Neues zu schaffen, bildet sich diese Schaltstelle wieder zurück. Diese Grafik ist sehr vereinfacht, in der Realität hat jede Nervenzelle im Schnitt rund 1.000 Verbindungen zu anderen Nervenzellen, die sich aus- oder auch wieder rückbilden.

Gefühle sind also aus biologischer Sicht sinnvolle Mechanismen, sie sichern das Überleben. Hierbei hat die Natur allerdings nur eine ausgesprochen geringe Anzahl sogenannter „Basisemotionen" entwickelt, die anscheinend ausreichen, um ein Tier in freier Wildbahn zu lenken. Abgegrenzt von diesen Emotionen werden in der Regel Grundbedürfnisse wie Atmung, Hunger, Durst oder Schlaf.

Der amerikanische Psychologe Paul Ekman unterschied 1972 sieben grundlegende Gefühle anhand des Gesichtsausdrucks: Fröhlichkeit, Überraschung, Ärger, Ekel, Furcht, Traurigkeit und Verachtung. Robert Plutchik, ein weiterer US-Wissenschaftler unterschied im Jahr 1980 acht Grunddimensionen der Emotionen: Furcht (Panik), Zorn (Wut), Freude (Ekstase), Kummer (Traurigkeit), Vertrauen (Billigung), Abscheu (Ekel), Neugierde (Erwartung) und Erstaunen (Überraschung).

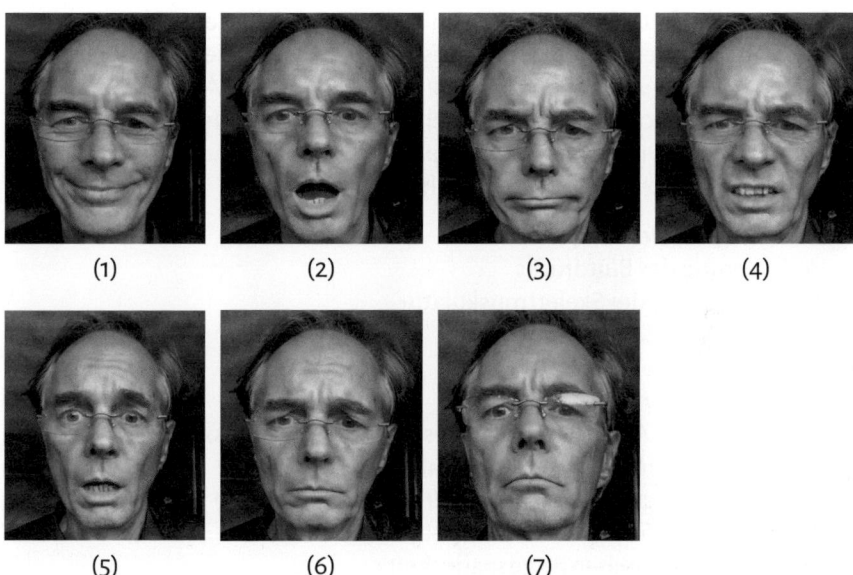

Bitte versuchen Sie die folgenden Basis-Emotionen den obigen Fotos zuzuordnen: Ärger, Ekel, Fröhlichkeit, Furcht, Traurigkeit, Überraschung, Verachtung.

Neben solchen Basis-Gefühlen, die das reine Überleben in der Natur sichern sollen, hat der Mensch aber noch sekundäre Emotionen entwickelt; sie entstehen durch Mischung mehrerer primärer Emotionen, oder durch eine erlernte Bewertung von primären Emotionen. Zu diesen sekundären Emotionen gehö-

ren z. B. Neid, Stolz, Liebe, Eifersucht, Hoffnungslosigkeit, Einsamkeit, Langeweile, usw.

Etliche Forscher haben sich damit auseinandergesetzt wie Emotionen entstehen und woran man sie unterscheiden kann. Eine von Walter Cannon und Phi-
lip Bard entwickelte Theorie besagt, dass eine aufregende Situation aus zwei
Komponenten besteht: 1. der körperlichen physiologischen Erregung und 2. der
psychischen Wahrnehmung des Gefühls. Die körperliche Reaktion auf spezifische Situationen (das kann das Auftauchen eines Feindes ebenso wie die Anwesenheit eines potenziellen Sexualpartners sein), ist hierbei individualspezi-
fisch, d. h. in aufregenden Situationen reagieren Personen mit für sie typischen
vegetativen Reaktionsmustern. Je nachdem welcher Funktionsbereich (Kreislauf, Haut, Magen) hierbei besonders stark aktiviert wird, kann es im weiteren
Verlauf unter Umständen zu psychosomatischen Krankheiten kommen (etwa
Bluthochdruck, Hauterkrankungen, Magengeschwür).

Die Ursache von Angst liegt oft in einem Schreck. Plötzlich auftretende Reize
rufen eine Ausschüttung von Adrenalin hervor. Diese Aktivierung hatte im Lau-
fe der Evolution den Sinn, ein Lebewesen möglichst schnell auf Flucht- oder
Kampfreaktionen vorzubereiten (*„fight or flight"*). Diese Anpassung an eine
potenziell gefährliche Situation entsteht im vegetativen Nervensystem durch
Verstärkung der sympathischen (*Kampfnerv*) und Hemmung der parasympa-
thischen Aktivitäten (*Ruhenerv*). Typische Anzeichen sind:

- Erhöhung der Herzfrequenz
- Veränderung des Blutdrucks
- Tonuserhöhung der Skelettmuskulatur
- Erhöhung der Atemfrequenz
- Verbesserung des Hörens
- Pupillenerweiterung
- elektrodermale Aktivität (Sinken des Hautwiderstandes)
- EEG-Desynchronisation (sog. „Alphablockade")
- erhöhte Ausscheidung von Stresshormonen (z. B. ACTH)
- Ausschüttung von aktivierenden Neuro-Transmittern
- Gefühl der psychischen Angespanntheit
- Verkürzung von Reaktionszeiten

Die Verbindung zwischen dem psychischen Gefühl von Angst und den körperlichen Reaktionen kann man sehr schön verdeutlichen am galvanischen Hautwiderstand. Die Haut leitet zwar Strom, setzt ihm aber einen gewissen Widerstand entgegen. Zur Messung dieses Widerstandes lässt man einen leichten
Strom von einem Punkt der Haut zum anderen fließen. Das tut nicht weh,
denn auch wenn Sie z. B. ein Smartphone mit Touchscreen bedienen, fließt ein

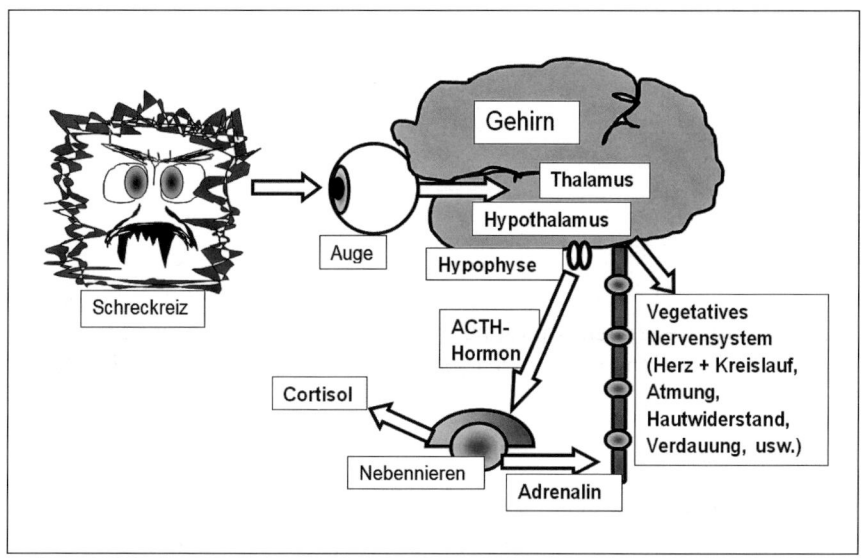

Die als „Stress-Achse" bezeichneten Aktivierungen im Körper bei einer Schreckreaktion.

solcher minimaler Strom über Ihre Haut. Abhängig vom Hautwiderstand kann der Strom flink oder nur sehr zäh fließen. Die elektrodermale Aktivität ist ein Maß der Aktivierung des Sympathikus, das ist der „Kampfnerv", der uns auf körperliche Auseinandersetzungen, aber auch auf die Aktivierung des Körpers für Flucht vorbereitet. Ein Schreck zum Beispiel verändert die Hautdurchblutung und regt die Schweißdrüsen an. Das führt dazu, dass der Hautwiderstand geringer wird und der Strom leichter fließen kann. Deshalb eignen sich Geräte zur Messung des galvanischen Hautwiderstandes auch, um zu prüfen, ob ein Mensch gerade starke Emotionen zeigt. Immer, wenn eine Situation oder auch nur ein Satz oder sogar nur ein Wort den Menschen aufregt, zeigt das Gerät einen mehr oder minder starken Ausschlag. Diese körperliche Reaktion lässt sich nicht willentlich unterdrücken, so dass diese Geräte auch als „Lügendetektoren" eingesetzt werden können. Der Ausschlag des Zeigers eines solchen Gerätes zur Messung des Hautwiderstandes symbolisiert in der Theorie von Cannon und Bord die physiologische Erregung. Schade ist daran nur, dass wir die Art der Emotion daraus nicht ablesen können. Ein Schreck, Angst, Wut, aber auch freudige Überraschung, Liebe und sexuelle Erregung führen zu nahezu identischen Ausschlägen des Zeigers. Die Art der Emotion wäre dann der zweite Teil dieser klassischen Theorie unserer Gefühlswelt.

Regelrecht spannend in diesem Zusammenhang ist nun ein klassischer Versuch der amerikanischen Forscher Stanley Schachter und Jerome Singer. In diesem Experiment wurde den Versuchspersonen eine geringe Dosis Adrenalin verabreicht, das einen physiologischen Erregungszustand hervorruft, also den ersten Teil der Cannon-Bord-Theorie. Das wurde den meisten Versuchspersonen aber nicht gesagt, sondern die Spritze, die sie erhielten, wurde als Vitaminpräparat deklariert, angeblich sollte die Auswirkung von Vitaminen auf das kognitive Leistungsvermögen geprüft werden. Ein Teil der Teilnehmer erhielten nun, vereinfacht gesagt, viel zu einfache Aufgaben und wurden vom Versuchsleiter gelobt; der andere Teil erhielt viel zu schwere Aufgaben und wurde vom Versuchsleiter ständig kritisiert. Geradezu verrückt war aber, dass die Teilnehmer dieses Experimentes den Erregungszustand durch die Adrenalin-Injektion abhängig von der Situation, in der sie gerade waren, völlig anders bewerteten. Der Teil der Versuchsgruppe, den man in eine frustrierende Situation gebracht hatte, interpretierte die innere Erregung als Wut; der andere Teil, den man gelobt hatte, interpretierte die innere Erregung als Freude.

Auch wenn dieses Experiment nicht unumstritten blieb, zeigte es doch, dass Emotionen nicht einfach völlig unabhängig von unserer Gedankenwelt sind, sondern sie lassen sich durch kognitive, d. h. verstandesgemäße Gedanken anders interpretieren. Das ist eine äußerst wichtige Einsicht, denn sie beweist, dass Menschen ihren Emotionen nicht hilflos ausgeliefert sind, sondern wir können Gefühle gedanklich beeinflussen!

Jedes Gefühl besteht also, außer aus der physiologischen Erregung, zusätzlich noch aus einer gedanklichen Komponente, d. h. der kognitiven Ursachenzuschreibung für die körperlich spürbaren Zustände. Nach einer Theorie der Erklärung von Emotionen von Richard Lazarus und Stanley Schachter werden sowohl das auslösende Ereignis als auch die physiologische Erregung gleichzeitig anhand von situativen Hinweisreizen und Kontexterfahrungen kognitiv

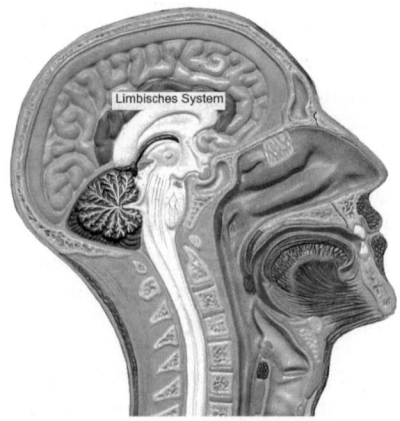

Das Limbische System gilt als Sitz für triebhaftes Verhalten auch beim Menschen. Es liegt oberhalb des Balkens (Corpus callosum), der die rechte und linke Hirnhälfte verbindet, aber noch unter dem Telencephalon, der obersten Hirnrinde, die rationales Denken erlaubt.

bewertet. Die subjektive Erfahrung einer Emotion entsteht dann aus der Interaktion des Erregungsniveaus und der Art der kognitiven Bewertung. In der Theorie hört sich das vielleicht langweilig an, aber in der Praxis bedeutet es, das wir denselben inneren Erregungszustand als schreckliche Angst interpretieren können oder aber auch als spannende Herausforderung. Abhängig davon, wie Sie eine Situation bewerten!

Was genau geschieht eigentlich in unserem Gehirn bei Liebe, Hass, Stress oder Furcht? Je nach Gefühl werden bestimmte Botenstoffen, insbesondere sogenannte „Neuropeptide" ausgeschüttet. Neuropeptide sind eine bis heute nur unscharf umrissene Gruppen von Botenstoffen, die sowohl Charakteristika von Hormonen als auch von Neurotransmittern haben. Sie können eine direkte Wirkung entfalten, modulieren aber oft lediglich die Signalübertragung im Gehirn. (Wen es interessiert, zu den Neuropeptiden gehören zum Beispiel: Adiuretin, Angiotensin, Bombesin, Cholecystokinin, Enkephalin, endogene Opiate, Galanin, Motilin, Neuropeptid-Y, Oxytocin, Somatostatin, Substanz-P, Thyreotropin-Releasing-Hormon, vasoaktives Intestinal-Polypeptid, Vasopressin, u. a.)

Im menschlichen Gehirn ist ganz wesentlich das Limbische System für Emotionen zuständig, hier ist die Dichte an Neuropeptid-Rezeptoren am höchsten. Da viele Neuropeptide chemisch weitgehend identisch mit Immunpeptiden (Botenstoffen des Immunsystems) sind, wird es verständlich, dass Gefühle Auswirkungen auf das Abwehrsystem und damit auf unsere Gesundheit haben. Jemand, der krank ist, zeigt ein typisches Krankheitsverhalten, im Englischen meist als „sickness behaviour" bezeichnet, das unter anderem auch Symptome umfasst, die einem depressiven Erschöpfungszustand in vieler Hinsicht stark ähneln. Bereits ein lapidarer grippaler Infekt bewirkt psychische Veränderungen. Wenn Krankheitskeime in den Körper eingedrungen sind, verständigen die frei beweglichen Zellen des Immunsystems sich via Ausschüttung von Immun-Botenstoffen, die dazu dienen, um Zellen der Krankheitsabwehr (z. B. Lymphozyten) zu aktivieren. Es gibt aber auch im Gehirn, bevorzugt im Limbischen System, Empfangsstationen dafür. Sobald das ZNS Kenntnis davon hat, dass das körpereigene Abwehrsystem sich hochfährt, produziert es das typische Krankheitsgefühl. Biologisch macht das Sinn, denn auch die mit Vernunft nicht gesegneten Tiere musste Mutter Natur dazu bringen, sich im Krankheitsfall auszuruhen. Im Liegen und unter Ruhe funktioniert das Immunsystem deutlich besser; bei Arbeit und insbesondere unter Stress wird es gedrosselt. Also zwingt unser Nervensystem uns im Krankheitsfall durch miserable Gefühle des Unwohlseins dazu, im Bett zu bleiben. Zusätzlich sorgen massive Konzentrationsstörungen dafür, dass wir ohnehin kaum etwas Sinnvolles abarbeiten können. Und unter einer beginnenden Infektion neigen die meisten Menschen zum Rückzug aus dem sozialen Umfeld, dies könnte den biologischen Sinn haben, die Ausbreitung der Erkrankung durch Ansteckung einzudämmen. Angst wird also stärker, wenn man krank ist.

Im Gehirn gibt es unterschiedliche Systeme von Botenstoffen, die Informationen weitertragen; eine Einteilung orientiert sich daran, welche Transmitter in einem bestimmten neuronalen Netzwerk benutzt werden. So gibt es unter anderem zum Beispiel das „GABA-System", das „Serotonin-System", das „Dopamin-System", das „Noradrenalin-System" oder das „Azetylcholin-System".

GABA (Gamma-Amino-Buttersäure) wirkt am selben Rezeptor wie Alkohol und löst Entspannung, Ruhe, Erholung und Müdigkeit aus; Noradrenalin führt zu Angst; ein niedriger Serotoninspiegel steht mit psychischer Labilität, Depressivität und Unglücklich-Verliebtsein in Verbindung; Dopamin ist das Netzwerk im Zentralen Nervensystem, das für Bewegung, aber ganz wesentlich auch für Motivation verantwortlich ist. Es ist der wichtigste Botenstoff des Belohnungssystems im Gehirn, das uns dazu bringt, etwas zu tun, in der Hoffnung, dass dieses Hirnteil uns dafür mit einem Quäntchen Glück belohnt. Azetylcholin ist wichtig für Bewegungsfähigkeit, aber auch für Bewusstsein, Wachheit, Nachdenken und Gedächtnisfunktionen.

Neben den klassischen Neurotransmittern gibt es die weiter oben bereits erwähnten Neuropeptide, und auch Hormone entfalten eine oft beachtliche Wirkung im Gehirn. Opioide (z. B. Beta-Endorphin) verursachen Euphorie; das „Kuschelhormon" Oxytocin ist für Vertrauen, Bindungsfähigkeit und mütterliches Verhalten verantwortlich; Vasopressin fördert nicht nur die Gedächtnisbildung, sondern auch die eheliche Treue; Testosteron erhöht die Aggressionsbereitschaft und die sexuelle Begierde bei beiden Geschlechtern; ß-Phenylethylamin (PEA) ist ein Hormon, das u. a. beim körperlichen Sex für das lustvolle Glücksgefühl verantwortlich ist, bis hin zur orgastischen Ekstase. Angeblich ist es auch in Schokolade enthalten, so dass man sich die ganze Zeitverschwendung mit dem Verliebtsein also ersparen kann. Theoretisch zumindest.

Entsprechend entsteht auch Angst durch die Aktivierung bestimmter Hirnareale und Ausschüttung spezifischer Botenstoffe. Die „Amygdala", ein kleiner Neuronen-Kern, der mit zum Limbischen System gehört, ist einer der wichtigste Knotenpunkte für die Entstehung von Furcht. Bei Beklemmungen fährt sich das entspannende GABA-System herunter, dafür werden im Gehirn Noradrenalin und im Körper Adrenalin sehr aktiv.

Gefühle haben also im Gehirn bestimmte Orte, denen sie sich anatomisch zuordnen lassen, gleichzeitig gibt es spezifische Botenstoffe, die bei Emotionen vom Gehirn produziert und ausgeschüttet werden.

ICH BIN TOTAL AUFGEREGT: IST DOCH PRIMA!

Ein Gefühl besteht, wie gesagt, immer aus zwei grundlegenden Komponenten: zum einen dem typischen emotionalen *Feeling*, das man bei Glück, Freude, Angst oder Wut verspürt, zum anderen der physiologischen Änderung des körperlichen Zustandes (Herzfrequenz, Blutdruck, Atemfrequenz und Atemtiefe, Hautleitfähigkeit, u.a.). Alle diese Mechanismen dienen der Aktivierung eines Lebewesens, vordringlich um zu kämpfen, zu fliehen oder sich fortzupflanzen. Wenn ein Neandertaler vor einem Säbelzahntiger davonläuft, macht es schon Sinn, dass sein Herz schneller schlägt und damit Blut besser zur Muskulatur transportiert wird. Diese grundlegende Aktivierung des Körpers interagiert mit dem Gefühl Angst zu haben. Ein Schreck schaltet nicht nur das bereits oben beschriebene System des Sympathicus („Kampfnerv") ein, sondern führt auch zur erhöhten Wachheit des Zentralennervensystems.

Im umgekehrten Schluss nutzt man diesen Sachverhalt wiederum für gezielte Entspannungsübungen. Wenn Herzschlag und Atmung ruhig sind und die Körpermuskulatur nicht angespannt ist, „glaubt" das Gehirn im Umkehrschluss, dass nichts Schlimmes sein kann und reduziert die Angst. Hierzu dienen die bereits früher im Buch beschriebenen Entspannungsverfahren. Durch die bewusste Beeinflussung dieser Reaktionen lernen Sie sich zu entspannen, was wiederum eine Beruhigung in Stresssituationen und langfristig sogar eine Heilung von psychosomatischen Krankheiten zur Folge haben kann.

Aufregung, z. B. vor einer Prüfung, muss jedoch nicht generell schlecht sein. Damit unser Gehirn optimal funktioniert, bedarf es einer gewissen Aktivität der kleinen grauen Zellen. Der Zusammenhang zwischen Leistung und Aktivation wurde schon 1908 von Robert Yerkes und John Dodson im Tierversuch an Mäusen erforscht. Die Studien zeigten, dass eine umgekehrt U-förmige Beziehung besteht. Diese gilt auch für Menschen: Die Leistung nimmt zunächst mit dem Grad der Aktivation zu. Müde Versuchspersonen zeigen schlechte Ergebnisse, wache bessere, selbst wenn sie etwas aufgeregt sind. Erst total übererregte Prüflinge erzeugen dann wieder schlechtere Leistungen. Welches Aktivierungsniveau optimal ist, hängt u. a. auch von der Schwierigkeit der Aufgaben ab. Das Yerkes-Dodson-Gesetz postuliert, dass komplexe Aufgaben ein niedrigeres Aktivationsniveau erfordern als einfache Aufgaben. Der Trick bei Prüfungen, öffentlichen Vorträgen oder anderen Aufgaben, bei denen man nachdenken können muss, besteht also darin zu akzeptieren, dass man nervös ist, aber nicht in pure Panik verfällt. Etwas Aufregung ist nützlich, um die Prüfung zu bestehen!

Das Ausmaß an Nervosität, Aufregung und Angst ist oft auch von eigenen Erwartungen abhängig. Wer z. B. vor einer mündlichen Prüfung den Anspruch hat, unbedingt mit einer „1" bestehen zu müssen, reagiert anders als jemand, der sich einfach nur denkt *„Hauptsache bestehen!"*. Eine unter der Bezeichnung *„Behavioral-Activation-System"* bekannte Theorie umfasst Informationen über das erwartete Ereignis und über die tatsächliche Situation. Das System vergleicht beide Komponenten, bei einem *mismatch* kommt es zur Erhöhung der Aktivierung. Am konkreten Beispiel bedeutet das: Merkt man bei einer Klausur, dass einem die Zeit davonläuft, wird man immer nervöser, was nicht unbedingt sinnvoll ist; besser wäre es stur in Ruhe weiterzuarbeiten um das an Punkten zusammenzubekommen, was die restliche Zeit noch hergibt. Wer ein Entspannungsverfahren gelernt hat und in solchen Situationen anwenden kann, steht schonmal auf der Gewinnerseite des Lebens.

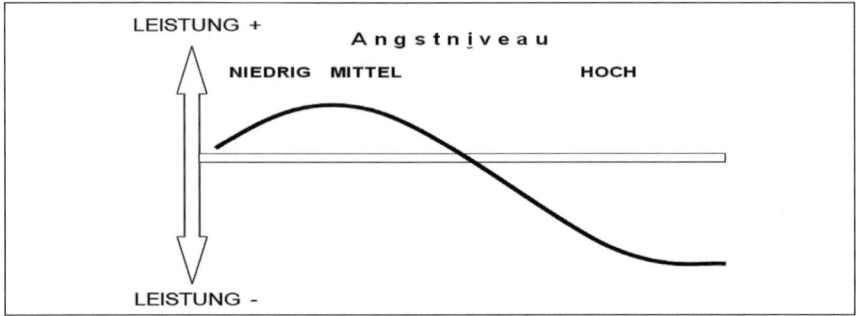

Beziehung zwischen Aktivation und Leistung: Langeweile führt zu schwachen Ergebnissen, ein mittleres Aufregungsniveau ist optimal, erst wenn die Angst zu hoch ansteigt, wird die Leistung wieder schlechter und zum Schluss kann es zu einer regelrechten Denkblockade kommen.

 ANGST UND ANGST SIND NICHT DASSELBE

„Mut heißt nicht, ohne Angst zu handeln, sondern trotz der Angst."

Jeder Mensch kennt Situationen, in denen er Beklemmungen spürt. Angst ist (z. B. in der letzten Viertelstunde vor einer mündlichen Prüfung) ein ganz fieses Gefühl, denn es hilft einem nicht gerade weiter, wenn man ausgerechnet vor dem wichtigsten Termin seines Lebens kaum geschlafen hat, morgens nichts essen konnte und ständig auf das stille Örtchen rennen muss. Bei manchen geht das bis hin zu Magenkrämpfen, Durchfall und Kopfschmerzen. Nicht selten fühlt man sich ausgerechnet an diesem wichtigen Tag absolut todkrank. Dass diese ganzen Symptome alleine auf Angst zurückzuführen waren, merkt man oft erst, wenn man sich nach dem (bestandenen) Examen plötzlich wieder überraschend gesund fühlt.

Angst ist allerdings nicht gleich Angst. Die Fachleute unterscheiden hier verschiedene Formen, überdies gibt es eine ganze Anzahl unterschiedlicher psychischer Erkrankungen, die ihre Ursache in übermäßiger Ängstlichkeit vor prinzipiell eher harmlosen Ereignissen haben.

Die Begriffe Angst und Furcht werden in diesem Buch aus stilistischen Gründen meist synonym benutzt. Nach Ansicht mancher Autoren handelt es sich aber nur um „Furcht", wenn eine reale Bedrohung vorhanden ist, während Angst das allgemeine Gefühl einer möglichen Bedrohung ist. Man kann sagen, dass Furcht von außen, Angst aber eher von innen kommt. Furcht wird andererseits oft auch als „Realangst" bezeichnet. Realangst verspürt man, wenn wirklich eine potenzielle Gefahr droht, die jeden Menschen in einen hochgradig aufgeregten Zustand versetzen würde, etwa wenn jemand Sie gerade mit einem 30 cm langen Messer bedroht. Der Fachausdruck für die aktuelle Angst vor einer bedrohlichen Situation ist *state anxiety*", d. h. die momentane, situationsbezogene Angst.

total ruhig	0 − 1 − 2 − 3 − 4 − 5 − 6 − 7 − 8 − 9 − 10	Panik

State anxiety: Auf einer Skala von Null bis Zehn: Wie ängstlich sind Sie jetzt in diesem Moment gerade?

Daneben gibt es aber noch die „*trait anxiety*", das ist ein relativ stabiler Persönlichkeitsfaktor der Ängstlichkeit. Personen mit hoher *trait anxiety* neigen in allen Situationen dazu, eher ängstlich und vorsichtig zu reagieren. Diese Form der Ängstlichkeit wird aller Wahrscheinlichkeit nach genetisch vererbt. Den Unterschied dieser festgelegten Charakterunterschiede kann man im Tierreich sehr schön nachvollziehen: Die meisten Vögel gehören in die Gruppe der hohen Trait Anxiety, sie sind ständig auf der Hut, schauen alle paar Sekunden nach rechts und links, ob ein Feind sich nähert und flattern bei der geringsten Unregelmäßigkeit besser sofort weg. Diese hohe Ängstlichkeit rettet ihnen jeden Tag aufs Neue ihr Leben. Auf dem anderen Ende des Kontinuums steht z. B. das Nashorn, das sich seelenruhig durch die Steppe frisst und sich kaum durch irgendetwas stören lässt. Wozu auch, es hat kaum natürliche Feinde und wenn, dann gibt es noch dieses wuchtige Horn mitten auf der Nase.

viel weniger ängstlich	−3 −2 −1 0 +1 +2 +3	viel mehr ängstlich

Trait anxiety: Auf einer Skala von Null bis Zehn: Wie ängstlich sind Sie allgemein im Vergleich zu anderen Menschen?

Ob der Mensch wirklich die Krone der Schöpfung ist, darüber streiten sich die Gelehrten zunehmend mehr, es gibt Lebewesen, die an diese Welt viel besser angepasst sind als wir. Der Mensch hat ja nicht einmal das größte Gehirn, das von Delphinen und Walen ist deutlich riesiger. Immerhin haben wir aber das komplexeste Gehirn mit den meisten Verschaltungen, das uns z. B. befähigt, Lesen, Schreiben und Rechnen zu lernen, Aufgaben aus Intelligenztests zu lösen, Musik zu komponieren, Gedichte und Romane zu schreiben und Filme zu drehen über Geschehnisse, die nie passiert sind und vielleicht auch nie passieren werden.

King-Kong lauert hinter jeder Häuserecke. Seien Sie also bloß vorsichtig!

Für sein kompliziertes Gehirn bezahlt der Mensch aber einen hohen Preis: Nicht nur aktuelle reale Ereignisse, sondern auch vorgestellte Situationen führen zu einer Aktivation. Letztlich ist unsere Phantasie damit Schuld an Phobien, Zwangsstörungen und Magengeschwüren. Interessanterweise löst die Vorstellung einer belastenden Szene sehr ähnliche physiologische Reaktionen aus wie die wirkliche Situation selbst.

Problematisch ist, dass wir in vielen Angstsituationen heute weder fliehen müssen, noch zu kämpfen brauchen, etwa bei Prüfungen, Zahnarztbesuchen oder Horrorfilmen. Die vegetativen Symptome existieren aber trotzdem, obwohl sie hier gar nicht mehr sinnvoll sind. Neben der körperlichen Reaktion verspürt man psychisch dann das typische Angstgefühl.

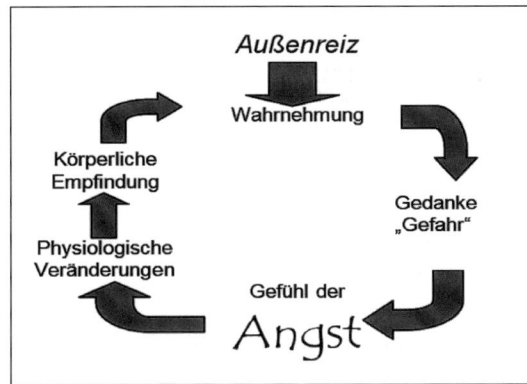

Das Teufelskreismodell der Angst geht davon aus, dass sich Gedanken, Gefühle und körperliche Missempfindungen immer weiter hochschaukeln und gegenseitig verstärken.

Als ich selbst noch Student war, rief mich eines Tages die Freundin eines Kommilitonen an und fragte mich, ob ich wüsste wo ihr Partner sei? Ich wusste es nicht. Er war den ganzen Tag verschollen. Erst abends kam er kleinlaut zu ihr nach Hause. Was war passiert? Er musste an diesem Tag eine mündliche Prüfung absolvieren, war morgens zur Uni gefahren; dann siegte seine Angst und er ging einfach nicht hin, sondern trieb sich den ganzen Tag mit einem schlechten Gewissen in der Gegend herum und traute sich nicht nach Hause.

Verführerisch ist es, sich in einer Situation, die Beklemmungen erzeugt, einfach aus dem Staub zu machen. Dies wirkt als „negative Verstärkung", d. h. eine unangenehme Situation wird durch ein bestimmtes Verhalten beendet. Diese negative Verstärkung unterstützt aber die Handlung, die zur Reduzierung dieser Angst geführt hat. D. h. in ähnlichen Situationen zeigt man dasselbe Verhalten und geht wieder einfach nicht zur Prüfung oder zu einem anderen, unbequemen Termin. Langfristig gesehen ist das ziemlich unklug, aber die kurzfristig eintretende Reduzierung der Angst wirkt hier verhaltenssteuernd. Dieses Verhalten führt bei konsequenter Weiterverfolgung zu neurotischen Störungen. Diese zeichnen sich durch übermäßige Angst aus: Ein Patient mit einer Zwangsneurose kontrolliert z. B. ständig sämtliche elektrischen Geräte in seiner Umgebung, da er fürchtet, es könne etwas passieren. Der Hypochonder projiziert seine Nervosität auf körperliche Krankheiten und entdeckt täglich neue Symptome an sich selbst. Bei der Phobie richtet die Angst sich auf spezifische Objekte oder Situationen.

Es gibt eine ganze Anzahl von psychischen Störungen, bei denen Angst eines der wichtigsten Symptome ist. Auch wenn der Begriff „Neurotiker" in der Fachwelt inzwischen weitgehend aufgegeben und durch spezifischere Störungsbilder ersetzt wurde, ist die Aussage *„der ist ja total neurotisch!"* nicht auszurotten. Neurosen lassen sich durch ein stark erhöhtes Ausmaß an Angst kennzeich-

nen. In dem Versuch ihre übermäßigen Befürchtungen irgendwie zu beherrschen, zeigen die Betroffenen oft seltsame Verhaltensweisen. Im Gegensatz
zu Schizophrenen, die meist gar keine Krankheitseinsicht haben, sind sich
neurotische Menschen klar darüber, dass ihr übertriebenes Sicherheitsdenken
absolut nicht normal ist und sie haben dadurch einen hohen Leidensdruck.
Neurotische Krankheitsbilder sind extrem weit verbreitet und Zyniker behaup-
ten gerne, dass im Grunde genommen jeder Mensch etwas neurotisch ist. In
fortgeschrittenen Stadien von neurotischen Angsterkrankungen kommt es
zum zunehmenden Vermeidungs- und Rückzugsverhalten und nicht selten zu
Selbstbehandlungsversuchen mit Alkohol oder Beruhigungsmitteln, um endlich einmal Entspannung zu finden.

Man unterscheidet unterschiedliche Formen von psychischen Störungen, deren Hauptsymptom die Angst ist.

Phobien umfassen Vermeidungsverhalten vor eigentlich harmlosen Tieren,
Objekten oder Situationen. Die Ängste stehen in keinem Verhältnis zur wirk-
lichen Gefahr. Klassische Beispiele sind die Spinnenphobie, Klaustrophobie
(Angst vor engen Räumen), Belonephobie (Angst vor allen spitzen Gegenständen), Bibliophobie (vor Büchern), Xenophobie (vor Fremden), Phobophien
(Angst vor der Angst), Agoraphobie (Angst vor weiten Plätzen und vor Men-
schenansammlungen). Nicht selten leiden Betroffene unter mehreren Phobien
gleichzeitig. Das Spektrum ist unglaublich breit, so gibt es in der Fachliteratur
z. B. Beschreibungen von:

Aerophobie	=	Angst, Luft zu verschlucken
Agaraphobie	=	Angst, angefasst zu werden
Alektorophobie	=	Angst vor Hühnern
Alliumphobie	=	Angst vor Knoblauch
Amnesiophobie	=	Angst vor plötzlichem Gedächtnisverlust
Amychophobie	=	Angst, sich zu kratzen
Anemophobie	=	Angst vor Wind
Anophelophobie	=	Angst, die Frau beim Sex zu verletzen
Apeirophobie	=	Angst vor der Unendlichkeit
Ataxophobie	=	Angst vor Unordnung
Cyclophobie	=	Angst vor Fahrrädern
Dämonophobie	=	Angst vor Dämonen
Hadephobie	=	Angst vor der Hölle

Dem Außenstehenden mögen diese teilweise obskur wirkenden Befürchtungen geradezu albern vorkommen, aber für die Menschen, die darunter leiden,
ist das alles andere als witzig. Umgrenzte Phobien muss man allerdings nur
behandeln, wenn sie das Leben wirklich schwer einschränken.

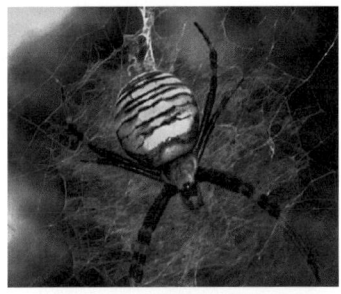

Haben Sie Angst vor Spinnen? Leider auf diesem s/w-Bild nicht erkennbar, aber dieses Exemplar ist gelb-schwarz gestreift, und ich habe sie daher immer liebevoll meine kleine „Tigerentenspinne" genannt.

Einzelne Phobien hat übrigens fast jeder. Vor rund 15 Jahren war das Außenrollo an einem Zimmer im 1. Stock kaputt; also stellte ich meine 7 m hohe Leiter an, stieg hoch, schraubte den Blechkasten ab, bastelte einen neuen Gurt hinein und schraubte die Blechabdeckung wieder fest. Alles prima. Vorletztes Jahr war der blöde Gurt erneut kaputt; also stellte ich die Leiter wieder an, stieg hoch, setzte den Schraubenzieher an, blickte nach unten, dachte: *„Von hier oben gesehen ist das aber ganz schön hoch ..."* Stieg die Leiter wieder herunter und rief einen Handwerker an. Was genau in den 15 Jahren passiert ist, das weiß ich nicht, aber es hatte sich irgendwie eine dezente Höhenphobie herausgebildet. Da ich beruflich selten auf sieben Meter hohe Leitern steigen muss, halte ich diese Störung nicht wirklich für behandlungsbedürftig und habe es dabei belassen.

Während eine Phobie sich auf einen bestimmten und meist gut abgrenzbaren Lebensbereich fokussiert, sind **generalisierte Angststörungen** nicht so spezifisch. Es handelt sich eher um frei flottierende Angst in unterschiedlichsten Lebensbereichen, deren Auftreten unangemessen stark ausgeprägt ist und meist nicht durch eigene Anstrengungen überwunden werden kann. Typische Symptome sind z. B. Schwindel, Herzklopfen, Schweißausbrüche, Atembeschwerden, Beklemmungsgefühle und Angst vor Kontrollverlust. Solche generalisierten Angststörungen verstärken sich durch stetige Vermeidung aller angstbesetzter Verhaltensweisen. Positive Erfahrungen der Meisterung von Angst wurden dadurch verhindert.

Einer meiner Patienten litt unter einer solchen generalisierten Störung. Ein junger Mann, Anfang 20, der bei seinen Eltern lebte und die Wohnung schon seit über einem Jahr so gut wie gar nicht mehr verlassen hatte, da ihm die ganze Welt Angst machte. Irgendwann überkamen ihn dann aber sogar zu Hause Befürchtungen, mit dem beklemmenden Gefühl, es würde bald irgendetwas Schlimmes passieren. Er hatte seine Ausbildung abgebrochen, nachdem sein Chef ihn kritisiert hatte und er aufgrund seiner übertrieben unterwürfigen Art nicht mit den anderen Azubis klarkam. Mitunter musste er zum Arzt, um sich Krankschreibungen zu holen. Vor diesen Terminen hatte er massive Schlafstörungen, konnte nichts essen, bekam vor Aufregung psychosomatische Durchfälle und bat seine Mutter, sie möge ihn begleiten, alleine schaffe er das nicht. Im Wartezimmer des Arztes bekam er einen hochroten Kopf und war sich sicher, dass alle dort wartenden Patienten ihm seine Ängste ansehen würden.

Panikanfälle lassen sich sowohl von Phobien als auch von generalisierten Angststörungen abgrenzen. Sie setzen plötzlich ein, meist ohne fassbaren Auslöser. Die Betroffenen können sogar zu Hause in einer ruhigen Situation davon überwältigt werden und haben dann z. B. das Gefühl, in ein schwarzes Loch zu fallen, verrückt zu werden oder vor Angst sterben zu müssen.

Ich persönlich hatte meinen letzten Panikanfall als ich im knabenhaften Alter von 50 Jahren glaubte, unbedingt noch das Inline-Skating erlernen zu müssen. Auf einer abschüssigen Straße verlor ich völlig die Kontrolle über die Skates, die Geschwindigkeit war für meine laienhaften Fähigkeiten viel zu hoch, um noch bremsen zu können, ich rollte unkontrolliert über die öffentliche Straße und es setzten Vorstellungen ein, was passieren würde, wenn jetzt ein Auto käme. Die nun aufsteigende Panik war ein bemerkenswertes Ereignis. Letztlich ließ

Klingt vielleicht nicht wirklich logisch, aber Motorradfahren hat mir deutlich weniger Angst gemacht als Inline-Skates.

ich mich dann einfach auf den Allerwertesten fallen. Die Hose scheuerte zwar durch, aber die Panik war damit zu Ende. Allerdings konnte ich mich danach nicht mehr so recht aufraffen, weiterhin Inliner zu fahren, verschenkte die Skates und kaufte mir lieber ein Motorrad (das hatte Bremsen!).

Auch bei **Zwangsstörungen** ist das eigentliche Grundübel eine überstarke Angst. Eine ständig hohe innere Unruhe führt zu Gedanken an schreckliche Gefahren, Unfälle oder Krankheiten. Sie bringen den Patienten zu Zwangshandlungen, etwa das ständige Kontrollieren von Elektrogeräten oder den inneren Zwang, Säuberungsrituale durchzuführen (etwa Waschzwang). Hierdurch kann die Angst kurzfristig reduziert werden.

Eine meiner Patientinnen war Arzthelferin. Wenn sie morgens ihre Wohnung verließ, wurde sie von üblen Gedanken geplagt, das sie vergessen hatte, die Wohnungstür abzuschließen, alle Fenster zuzumachen und die Stecker von Kaffeemaschine, TV-Gerät und Waschmaschine abzuziehen. Sie drehte den Hahn der Waschmaschine so fest zu, dass sie immer wieder die Dichtung kaputtmachte und kontrollierte bis zu zehnmal, ob alle Knöpfe am Herd wirklich auf Null standen. Oft kehrte sie mehrfach um, weil sie sicher war, etwas davon vergessen zu haben. Nicht selten stand sie nachts einige Male auf, da sie von inneren Bildern geplagt wurde, z. B. die Haustür nicht verschlossen zu haben und sicher war, ein Einbrecher würde kommen. In jeder vierten Woche war sie die letzte Mitarbeiterin, die ihre Arbeitsstelle verließ. Hier plagten sie dieselben Ängste. Sobald sie zu Hause ankam, war sie sich sicher, irgendetwas in der Arztpraxis vergessen zu haben. Zum Ärger ihrer Kollegen, die das morgens alles wieder anschließen mussten, zog sie auch dort alle Stecker von Elektrogeräten ab, gefoltert von der Angst, es würde sonst mit Sicherheit ein Feuer ausbrechen und sie trage daran die Schuld.

Anpassungsstörungen treten nach entscheidenden Lebensveränderungen, belastenden Ereignissen oder schweren körperlichen Erkrankungen auf. Sie sind Zustände von subjektiv empfundenem Leid und emotionalen Beeinträchtigungen etwa nach dem Verlust des Lebenspartners, Kündigung aus dem Job oder schweren chronischen Erkrankungen des Betroffenen. Kardinales Kennzeichen sind Defizite in alltäglichen Funktionen des sozialen Bereichs, daher die Bezeichnung „Anpassungsstörung". Typische weitere Kennzeichen sind Ängste, ein stetiges Gefühl von Bedrängnis und depressive Verstimmungen mit einem inneren Gefühle der Leere, Gedankenkreisen, gesteigerter Sorge, Freudlosigkeit oder Traurigkeit.

Akute Belastungsstörungen treten nach außergewöhnlichen Stress-Situationen auf, sie lassen innerhalb von Stunden oder Wochen nach, wenn die Belastung beendet werden kann. Beim Auftreten spielen die Vulnerabilität (Verletzlichkeit) und vorhandene Bewältigungsmechanismen (Coping-Strategien, s.u.) eine Rolle. Typische Symptome sind das Gefühl einer Bewusstseinseinengung, Sich-zurückziehen-wollen, Ängste und Fluchtreaktionen. Typisch ist etwa der Zustand nachdem man durch eine Prüfung gefallen ist oder der Job gekündigt wurde. Auch Trennung vom Partner, Unfälle, oder die überraschende Diagnose von schweren Krankheiten (wie z. B. Krebs) können zu solchen akuten Belastungsstörungen führen.

Posttraumatische Belastungsstörung: Ein Trauma ist ein gewalttätiger Eingriff (etwa: Schädel-Hirn-Trauma). Zur psychischen Traumatisierung kommt es nach außergewöhnlichen Belastungen, wie z. B. bei dem Opfer eines schweren Unfalls, einer Vergewaltigung, eines Überfalls, in Kriegen oder Naturkatastrophen. Die Reaktion in Form tiefer Verzweiflung tritt oft erst verzögert auf. Merkmale sind das gedankliche Haften an dem Trauma mit aufdringlichen Bildern, Alpträumen, Flashbacks, Teilnahmslosigkeit, Freudlosigkeit, Vermeidung von Aktivitäten, Schlafstörungen, Angst und Depressionen. Die Dauer liegt zwischen Wochen und einem chronischen Bestehenbleiben.

Ein solcher Patient, der einmal von mir behandelt wurde, musste nach dem ICE-Unglück in Eschede Leichen und Leichenteile aus den zerquetschten Waggons bergen. Diese Eindrücke wurde er nicht mehr los. Typischer Auslöser waren Züge, aber auch bestimmte Gerüche. Sie lösten Flashbacks aus, d. h. vor seinem inneren Auge tauchten Bilder der Unfallszene auf, die er nicht unterdrücken konnte und die ihn sofort in unkontrollierbare starke innere Unruhe versetzten.

Hypochondrie: Die Betroffenen klagen über eine oder mehrere körperliche Beschwerden, für die sich in medizinischen Untersuchungen keine organischen Ursachen finden lassen. Trotzdem hält die Befürchtung an, sie könnten ernsthaft krank sein. Die intensive Wahrnehmung (meist von normalen) körperlichen Schwankungen, wie z. B. einer Unregelmäßigkeit des Herzrhythmus', führt zur Annahme, sie seien ernsthaft krank. Die Betroffenen überwachen alle körperlichen Funktionen misstrauisch, was zu einem Anstieg der scheinbaren Symptome führt. Durch übermäßige Tabletteneinnahme werden diese Funktionen dann allerdings oft tatsächlich gestört.

Bei den **Somatisierungsstörungen** handelt es sich um funktionelle Unregelmäßigkeiten des autonomen Nervensystems, die auf Grund der körperlichen Beschwerden zwar eine organische Erkrankung nahelegen, für die jedoch keine organischen Ursachen zu finden sind. Nach Schätzungen leiden etwa 5 % – 10 % der Allgemeinbevölkerung darunter. Die Betroffenen berichten von einem Dutzend gesundheitlicher Störungen gleichzeitig, haften aber stur an der organischen Verursachung und weigern sich die psychischen Anteile zu sehen. Sie leiden gleichzeitig unter Haut-, Magen-, Herz-, Urogenital-, Kreislauf- und Atembeschwerden. Bei intensiver Befragung finden sich stets hochbelastete Lebensgeschichten. Die Ängste beziehen sich hier überwiegend auf den körperlichen Gesundheitszustand; soziale und psychische Schwierigkeiten werden oft nicht zugegeben, die Betroffenen verschieben quasi ihre seelischen Probleme in körperliche Symptome. Dass sie psychisch erkrankt sind, wollen sie meist nicht sehen, sondern beharren darauf, nur körperlich krank zu sein; oft reagieren sie sogar beleidigt, wenn man mit ihnen über ihre mentalen Probleme reden will.

Bei den Patienten in meiner Praxis liegt nach meiner Erfahrung die Diagnose einer Somatisierungsstörung nahe, wenn die Patienten einfach viel zu viele körperliche Krankheiten berichten, wie der folgende Auszug aus einem Befundbericht darstellt:

Die 52-jährige Patientin ist verheiratet und hat zwei Söhne. Aus der Anamnese sind rezidivierende Pneumonien, Gastritis und Migräne bekannt. Die Patientin war vor ca. 10 Jahren bereits in einem Zentrum für Medizin, wo Asthma bronchiale und Hypertonus festgestellt worden war. Wegen chronischer Unterbauchbeschwerden erfolgte vor 6 Jahren im Krankenhaus eine Laparoskopie ohne auffälligen Befund. Der Entlassungsbericht einer Reha-Klinik berichtete im Folgejahr von schneller Erschöpfbarkeit, chronischen Schmerzen und Magen-Darm-Beschwerden. Neurologisch ohne krankhaften Befund. Sie ist aufgrund der Symptome bei mehreren Fachärzten in Behandlung. Die Patientin gab an, ihr sei am frühen Morgen grundsätzlich immer übel. Wenn sie aufstehe, spüre sie Füße und Hände nicht; das Gefühl käme dann im Verlauf von etwa einer Stunde. Im Tagesverlauf habe sie Gefühle der Kraftlosigkeit und völligen Erschöpfung. Konkrete Auslöser konnten nicht festgestellt werden. Das Ausmaß der Symptome sei unvorhersehbar. Wann der nächste Schub komme, sei für sie nicht planbar. Auch der Nachtschlaf ist fraktioniert und unruhig. Die Patientin leidet unter sehr häufigen Alpträumen. Sie hat außerdem Verdauungsprobleme mit wechselseitiger Diarrhoe und Obstipation. Darüber hinaus Ödeme an unterschiedlichen Körperteilen, besonders in den Beinen. Sie leidet unter Adipositas und wiegt derzeit 110,5 kg bei einer Körpergröße von 1,58 m. Als Jugendliche sei sie 1,64 m groß gewesen und habe in einer Phase der Magersucht Kleidergröße 34 getragen. Sie sei 6 cm „geschrumpft", und ihr Gewicht habe sich mehr als verdoppelt. Außerdem besteht erhebliche Kurzsichtigkeit von −12 bzw. −13 Dioptrien, die mit Brille nicht mehr auszugleichen sind.

Auch **Depressionen** gehen fast immer mit Ängsten einher. Sozialer Rückzug und Vermeiden vieler Aktivitäten und zum Teil recht irrationale Befürchtungen, dass etwas Schlimmes passieren könnte, gehören mit zu den typischen Symptomen einer Depression. Wenn jemand neben den Ängsten außerdem noch unter Zuständen der völligen Unlust etwas zu tun, Vermeidung von Treffen mit anderen, Gedanken der Sinnlosigkeit dieses Lebens oder sogar unter

Suizidgedanken leidet, dann sollte man zunächst die Depression behandeln. Oft sind Ängste hier nur ein Sekundärsymptom; sie verschwinden, wenn man die trübseligen Gedanken in den Griff bekommt (siehe dazu das Buch: Mein Trainingsbuch Lebensfreude – Die Ab-in-den-Müll-Kur für Ihre Depressionen).

Kennen Sie die folgende Störung aus Ihrem eigenen Leben?

Es ist 19:15, ich sitze im Zug von Hamburg nach Lübeck, bin morgens um 5:30 aufgestanden, hatte von 9:00 bis 18:40 mündliche Prüfungen an der Universität und bin nun auf dem Heimweg. Mündliche Prüfungen abzuhalten verlangt höchste Konzentration. Man muss nicht nur dem Studenten zuhören, ob die Antwort richtig ist, sondern gleichzeitig muss man sich die nächsten Fragen ausdenken. Ich bin mit meinem Faltrad zum Bahnhof geradelt, habe auf den wie immer verspäteten DB-Zug gewartet, klappe im DB-Waggon mein Laptop auf, lade das Manuskript dieses Buches hoch und versuche weiter an dem Kapitel über pharmakologische Behandlungsansätze von Angststörungen zu arbeiten. Ich merke nach wenigen Minuten, dass es nicht geht. Mein Gehirn funktioniert einfach nicht mehr. Ich kann mich definitiv nicht konzentrieren. Die Batterien sind leer. Der Kopf ist nicht mehr in der Lage, die Notizen zu verarbeiten, die ich mir vorher dazu gemacht habe, und daraus einen vernünftigen Text zu schreiben. Eine innere Mauer baut sich auf, jedes einzelne Wort zu tippen ist bleischwer. Ich entschließe mich nach einiger Zeit, lieber an dieser Stelle des Manuskriptes den Zustand zu beschreiben und dann für heute Schluss zu machen. Was ist passiert?

Burnout, das Gefühl des Ausgebranntseins, ist heute eine häufig gestellte Modediagnose. Strenggenommen handelt es sich lediglich um eine Sonderform der **Erschöpfungsdepression**, allerdings schiebt sie die Schuld für die psychischen Probleme auf die Umwelt, was den Betroffenen entlastet. In der Tat ist es ja so, dass moderne Arbeitsbedingungen mit stetiger Hektik, Überlastung, Termindruck und Stress den Einzelnen an die Grenze der Belastbarkeit treiben – bis man zusammenbricht. Der Zustand des Burnouts ist dann immer auch mit erhöhter Angst verbunden, die oft durch Reize ausgelöst wird, die etwas mit der Arbeit zu tun haben, wie in dem folgenden Beispiel:

Im Erstgespräch berichtete der 62-jährige Patient, er habe in seinem Job als Leiter der Verkaufsabteilung einer großen Firma in der Regel 60 bis 70 Arbeitsstunden pro Woche gearbeitet. Hierbei war er ständig unterwegs mit häufigen Interkontinentalflügen, z. B. nach Nord- und Südamerika, Asien, usw. Er hielt diesen Job mehrere Jahrzehnte gut durch und sei nie krank gewesen. Wenn Kollegen von Überlastung geredet hätten, habe er sie nur ausgelacht. Es bestand hoher Koffein- und Nikotinkonsum. Im Frühjahr, nach einer banalen Erkältung, seien dann aber plötzlich seine „Batterien leergelaufen". Er gönnte sich zwei Wochen Erholungsurlaub auf den Bahamas, um wieder auf die Beine zu kommen, aber auch danach „ging gar nichts mehr". Sein Gedächtnis sei plötzlich „grottenschlecht" geworden, er konnte sich absolut nichts mehr merken, schreibe sich alles auf Zettel auf, die er dann verbummeln oder nicht rechtzeitig lesen würde und entwickelte Angst unter Demenz zu leiden. Er litt außerdem unter massiven Schlafstörungen und Konzentrationsdefiziten. Mehrere Arbeitsversuche scheiterten, er entwickelte Angst vor dem Job, konnte nichts Sinnvolles mehr leisten. Obwohl er nicht wirklich etwas schaffte, fuhr er am Abend mit dem Gefühl von Kraftlosigkeit und innerer Leere nach Hause, ein Gefühl, als habe er den ganzen Tag Bäume gefällt. Er grübelte ständig darüber nach, ob er seinem Beruf noch gewachsen sei oder nicht, konnte sich aber zu keiner klaren Entscheidung durchringen. Darüber hinaus berichtete er Schlafstörungen, Zuständen von Nervosität/Unruhe und Denkschwierigkeiten zu haben. Die Aversion gegen die Arbeitsstelle wurde schließlich so schlimm, dass er es einfach nicht mehr schaffte, dorthin zu fahren. In Einzelfällen fuhr er zu Hause los, entwickelte unterwegs Gefühle der inneren Unruhe und psychosomatische Magen-Darm-Beschwerden, so dass er umkehrte, wieder nach Hause fuhr und sich eine erneute Arbeitsunfähigkeitsbescheinigung vom Arzt holte.

Auch die sogenannten „Psychosen", hierzu gehören die **Schizophrenie** und insbesondere die **Paranoia**, gehen mit Angst einher. Kardinalsymptome sind zum einen Halluzinationen, etwas das Hören von Stimmen oder optische Trugwahrnehmungen und zum anderen Wahnvorstellungen, zum Beispiel Verfolgungswahn, Eifersuchtswahn, Verarmungswahn, Beziehungswahn, aber auch Größenwahn. Die Betroffenen sind z. B. davon überzeugt, dass sie von feindlichen Mächten überwacht werden. Manche haben sogar das Gefühl, dass ihre Gegner Maschinen entwickelt haben, mit denen man ihnen ihre Gedanken aus dem Kopf ziehen und fremde Gedanken, die sie eigentlich nicht denken wollen, eingeben kann. Der Verfolgungswahn beruht darauf, dass bei den Betroffenen bestimmte Botenstoffe im Gehirn ihre natürliche Balance verloren haben. Hierdurch kommt es zu dem inneren Gefühl drohenden Unheils, das die Betreffenden nach außen projizieren. Im Gegensatz zu anderen psychischen Störungen sind sie unfähig einzusehen, dass das eigentliche Problem in ihrem eigenen Kopf liegt. Es gehört mit zu den typischen Symptomen eines Wahns, dass sie absolut überzeugt davon sind, dass ihre Befürchtungen real sind und sie wirklich, z. B. von ehemaligen Kollegen, ausspioniert werden, die ihnen schaden wollen. Man kann leicht verstehen, dass schizophrene Patienten voller Angst sind, da sie sich von dunklen Verschwörungen verfolgt und bedroht fühlen. Ein Angstbewältigungstraining macht hier leider oft keinen Sinn, wenn die Betroffenen davon überzeugt sind, dass sie wirklich von Außerirdischen oder dem russischen Geheimdienst bedroht werden. Erst wenn die eigentliche Psychose von einem Facharzt für Psychiatrie medikamentös behandelt wurde und danach noch Ängste bestehen, lässt sich hier psychotherapeutisch mit den Befürchtungen arbeiten. Das folgende Beispiel schildert einen typischen Eifersuchtswahn bei einer Schizophrenie:

Der Patient, Herr M., war lange Jahre glücklich verheiratet und Vater von zwei Kindern. Seine Arbeit machte er gerne. Nach seiner Kindheit befragt, erzählte der schweigsam und misstrauisch-zurückhaltend wirkende Mann, schon als Kind sehr ruhig gewesen zu sein; dies habe sich auch durch seine Schulzeit hindurchgezogen. Er habe auch heute keinen großen Bekanntenkreis. Begonnen hatte das Ganze damit, dass jemand eine Ecke seines Gartenzauns kaputt gemacht hatte. In der Folgezeit legte er sich nachts in einem Versteck auf die Lauer, um die Jugendlichen dabei zu erwischen, was ihm aber nicht gelang. Herr M. wurde dadurch immer müder und immer misstrauischer, er entwickelte das Gefühl, dass Kollegen über ihn tuscheln würden und bezichtigte schließlich seine Frau fremdzugehen. Als Beweis führte er an, sie habe sämtliche SMS von ihrem Handy gelöscht. Bei einem Besuch bei Verwandten während eines Urlaubs gab es deswegen Streit zwischen ihm und seiner Frau, er ließ seine Familie im Urlaubsort und fuhr wütend alleine zurück. Zu Hause fühlte er sich beobachtet und verfolgt. Nachts sei sein Vermieter durch ein Loch aus der Decke gestiegen und habe ihm seine Kamera gestohlen. Er sei deswegen am Folgetag zunächst zur Polizei gegangen, die aber mit seinem Gerede nichts anfangen konnte und ihn überzeugte, er möge besser zu seinem Hausarzt gehen. Wegen Verhaltensauffälligkeiten wurde er von diesem auf freiwilliger Basis in eine psychiatrische Akutklinik eingeliefert. Erst nach drei Monaten konnte er wieder als gebessert nach Hause zurückkehren. Im Frühling des Folgejahres kam es zu einer weiteren Phase sonderbarer Verhaltensweisen. Der Patient beschuldigte erneut seine Frau des Fremdgehens; er war plötzlich drei Tage völlig verschwunden und gab nach seiner Rückkehr an, er sei nach Polen gefahren, um zu versuchen sich eine Waffe zu besorgen und den Liebhaber seiner Frau zu erschießen, damit das endlich einen Schluss fände.

Bei einer Fülle anderer psychischer Störungen spielt auch Angst eine Rolle, gehört aber nicht zu den Kardinalsymptomen. So fürchten Menschen, die unter **Magersucht** (Anorexia nervosa) leiden, zu dick zu sein. Patienten mit **körperdysmorphen Störungen** empfinden ein Körperteil an sich als hässlich (etwa zu große Hände); sie steigern sich oft so stark in diese Gedanken hinein, dass sie nicht mehr ausgehen, weil sie sicher sind, jeder würde sie aufgrund ihres körperlichen Makels anglotzen. Viele der Betroffenen sehen durchaus attraktiv aus, sie sind aber nicht in der Lage das zu erkennen, sondern nehmen sich selber als hässlich wahr.

Menschen mit **neurologischen Schäden**, etwa einer Halbseitenlähmung nach einem Schlaganfall, können verständliche Ängste entwickeln z. B. öffentliche Verkehrsmittel zu benutzen, dies gilt insbesondere auch für Patienten mit **Sprachstörungen** (z. B. Dysarthrie, Aphasie, aber auch Stammeln oder Stottern), da sie Befürchtungen haben nicht verstanden zu werden und sich dann zu blamieren. **Hör-** oder **Sehgeschädigte** entwickeln nicht selten Beklemmungen, was verständlich ist, da eine verminderte Funktion unserer wichtigsten Sinnesorgane sofort zu Schwierigkeiten führt, sich in dieser komplexen Welt zurechtzufinden. Versuchen Sie einmal die Lautsprecherdurchsage über eine Verlegung Ihres Zuges von Gleis 8 auf Gleis 4 der Deutschen Bahn mitzubekommen, wenn Sie schwerhörig sind (... wobei auch Leute mit gutem Gehör hier Schwierigkeiten haben, weil solche wichtigen Durchsagen partout immer dann kommen, wenn am Nebengleis gerade ein Zug mit quietschenden Bremsen einläuft).

Auch das Gegenteil kann die Angstbereitschaft verstärken: Es gibt Menschen mit einer **Hyperakusis**, die quasi zu gut hören. Für diese Personen ist alles zu laut; ihrem Gehirn gelingt es nicht, störende Nebengeräusche auszufiltern. Sie meiden viele soziale Aktivitäten, wie z. B. Stadtfeste, da dort einfach zu viel Krach ist; Lärm ertragen sie nicht, ein lauter Knall löst Herzrasen aus; sie sind genervt, weil sie ständig die Schritte der Nachbarn unter ihrer Wohnung hören. Dasselbe kann bei Menschen vorkommen, die unter einer **Hypersensibilität** gegenüber grellem Licht oder komplexen Szenen leiden (etwa dem Kaleidoskop an bunten Neon-Reklamen nachts im Stadtzentrum); andere reagieren hypersensibel auf Berührungen – Gestreicheltwerden ist für sie unangenehm, manche leiden auch unter einer zu hohen Sensibilität in den Bereichen Geruch oder Geschmack. Stark riechende Räume sind für sie die Hölle, sie reagieren dort mit Unwohlsein, Angst und dem Drang möglichst rasch wegzukommen.

Bei **Drogensüchtigen** kommt es insbesondere im Entzug zu Ängsten. Psychedelisch wirkende Drogen, wie z. B. LSD, können einen extrem unangenehmen „Horrortrip" verursachen, der von der Befürchtung geprägt ist, „verrückt" zu werden und aus der furchtbehafteten Stimmung nicht wieder herauszukommen. **Alkoholsucht** entsteht nicht selten aus dem fehlgeleiteten Versuch, seiner eigenen Ängste Herr zu werden. Nach anstrengenden, frustrierenden Tagen mit nichts als Ärger macht man die Erfahrung, dass Alkohol alle Probleme dämpft, die Angst verschwindet und man gut schlafen kann. Wer mit dieser Motivation trinkt, hat hohe Chancen, ein echtes Alkoholproblem zu entwickeln.

Insbesondere spielt Angst auch eine Rolle bei psychisch bedingten **Sexualstörungen** wie Erektionsschwierigkeiten bei Männern und Vaginismus und Anorgasmie bei Frauen. Negative Erfahrungen, wie z. B. Versagen beim Sex oder Vergewaltigung, wenig liebevolle Eltern, oder eine prüde Sexualerziehung haben hier Angst vor der schönsten Nebensache der Welt herangezüchtet. Furcht und sexuelle Erregung sind aber nicht miteinander vereinbar; erotische Gefühle brechen sofort zusammen, wenn man sich gedanklich auf Befürchtungen konzentriert.

Eine weitere Personengruppe mit mangelndem Selbstbewusstsein sind Leute, die unter einer **dependenten** (selbstunsicheren) **Persönlichkeitsstörung** leiden. Diese Gruppe hat seit früher Kindheit erhebliche Minderwertigkeitsgefühle, traut sich selbst nichts zu und sucht sich meist einen dominanten Partner, der alle Entscheidungen für sie trifft und mit dem sie in einer symbiotischen Beziehung leben. Sie klammern sich zu stark an diesen Partner und erdrücken ihn geradezu mit ständiger Hilflosigkeit. Diese Grundeinstellung ist tief in der Persönlichkeit verwurzelt.

ANXIOLYTIKA: PILLEN GEGEN DIE ANGST

Natürlich gibt es auch Pillen, die Angst reduzieren. Wenn man die möglichen Risiken und Nebenwirkungen kennt, kann es durchaus sinnvoll sein, ein solches Medikament in der Hand- oder Hosentasche zu haben.

Um zu verstehen wie diese Medikamente wirken, ist ein wenig Grundlagenwissen über die Funktionsweise des Gehirns notwendig. Hirnteile verständigen sich untereinander durch Fortleitung elektrischer Impulse über Nervenbahnen. Diese Nervenbahnen sind aber zwischen zwei Neuronen unterbrochen. An diesen als „Synapsen" bezeichneten winzigen Lücken werden Botenstoffe ausgeschüttet, welche die nächste Nervenzelle so stark erregen, dass hier ein neuer elektrischer Impuls gebildet wird und die Information weiterlaufen kann.

Diese Erregung darf nur kleinste Bruchteile eine Sekunde dauern, nur so können wir rasch denken und handeln. Damit es nach der Ausschüttung eines Botenstoffes nicht zu einer endlos langen Erregung der nachfolgenden Nervenzelle kommt, wird der Transmitter sofort wieder aus dem synaptischen Spalt entfernt. Hierzu dienen zwei Mechanismen: Ein Teil des Botenstoffes wird von dem Endköpfchen wieder aufgesogen und erneut in die kleinen Bläschen (Vesikel) verpackt. Man nennt das Wiederaufnahme oder, mit dem englischen Fachausdruck, „Reuptake". Die zweite Möglichkeit ist der chemische Abbau von zuviel ausgeschütteten Botenstoffen; zwei der wichtigsten Prozesse zur schnellen Zersetzung sind z. B. die Monoamino-Oxydase (MAO) und die Azetylcholinesterase.

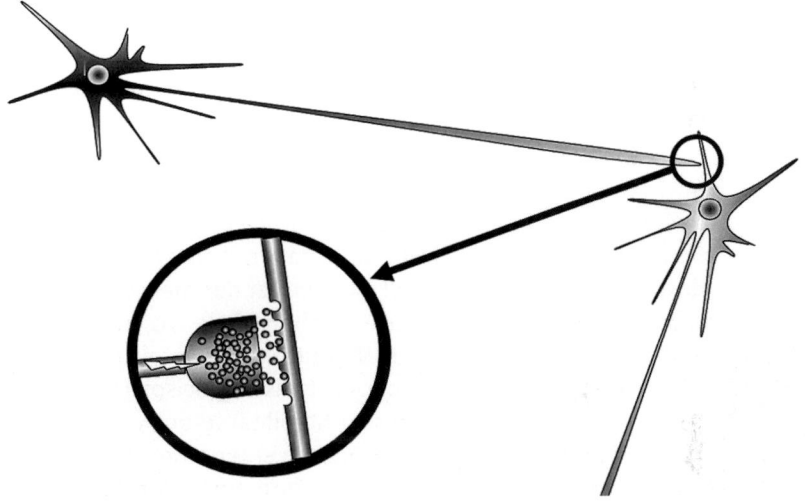

Zwei Nervenzellen sind nicht direkt miteinander verwachsen, zwischen ihnen ist ein kleiner Spalt. Diese als „Synapse" bezeichnete Verknüpfung wird mit Hilfe von Botenstoffen überbrückt. Wenn ein elektrischer Impuls von dem ersten Neuron ankommt, werden hier Neurotransmitter ausgeschüttet. Die nachfolgende Nervenzelle hat hierfür Empfangsstationen und bildet dann einen weiteren elektrischen Impuls aus. Diese Synapsen sind der Ort, wo psychopharmakologisch wirksame Medikamente eingreifen.

Unser Gehirn benutzt unterschiedliche Botenstoffe für verschiedene Aufgaben. Hierfür erstrecken sich Systeme, die denselben Transmitter benutzen, durch bestimmte Hirnteile, die dann gemeinsam aktiviert werden können. Wie schon weiter oben erwähnt, ist z. B. das Azetylcholin-System für Gedächtnis und Bewusstsein verantwortlich, das Dopamin-System hat viel mit Bewegung, aber auch mit Glück, Freude und Motivation zu tun, Noradrenalin mit Wachheit und

Angst und GABA (Gamma-Amino-Buttersäure) mit Ruhe und Entspannung. Der Botenstoff, der für Sexualität, Schlaf und die Stabilität unserer Stimmung verantwortlich ist, wird als „Serotonin" bezeichnet.

Psychopharmakologisch wirksame Medikamente greifen in diese Botenstoffe ein, indem sie z. B. die ausgeschüttete Menge erhöhen, die Wiederaufnahme blockieren oder die Aufnahme in der nachgeschalteten Nervenzelle hemmen. Medikamente, die gegen Angst wirken, werden als „Anxiolytika" (Angstlöser) bezeichnet, manchmal auch als „Ataraktika" (Beruhigungsmittel) oder als „minor tranquilizer" (kleine Ruhe). Hierbei kommen unterschiedliche Medikamentengruppen zum Einsatz: Antidepressiva, Antihistaminika, Benzodiazepine und Thienodiazepine, Neuroleptika und andere. Für die dauerhafte Einnahme sind einige dieser Medikamente nicht geeignet, denn der Körper gewöhnt sich an die Wirkstoffe und oft braucht man dann stetig ansteigende Dosierungen. Außerdem gibt es für jedes Medikament ein „therapeutisches Fenster". Eine Dosierung unterhalb dieses Fensters ist nicht wirksam, bei Einnahme von Dosierungen oberhalb dieses Fensters treten unproportional viele Nebenwirkungen auf, so dass die Menge des Medikaments nicht endlos gesteigert werden kann. Nebenwirkungen treten ohnehin bei jedem Medikament auf, hier gilt der pharmakologische Grundsatz: *Ein Medikament, das eine Wirkung hat, besitzt immer auch Nebenwirkungen.* Dies liegt daran, dass es keine Medizin gibt, die nur genau dort wirkt, wo sie wirken soll. So benutzt der menschliche Körper bestimmte Botenstoffe an sehr unterschiedlichen Stellen, d. h. das Medikament greift nicht nur dort ein, wo es eine Wirkung entfalten soll, sondern auch an anderen Orten im menschlichen Körper. Ein typisches Beispiel ist der Botenstoff „Serotonin", der im Gehirn für psychische Stabilität verantwortlich ist, aber auch ein Botenstoff im Darm ist, im sogenannten enterischen Nervensystem. Medikamente, die im Serotonin-System im Gehirn eingreifen sollen, haben also auch unerwünschte Nebenwirkungen auf den Darm.

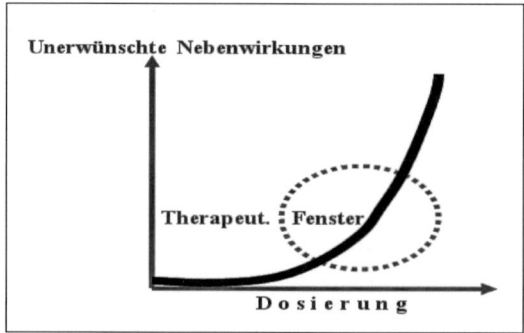

Medikamente wirken immer nur in einem „Therapeutischen Fenster", eine zu geringe Dosierung entfaltet keine sinnvolle Wirkung und eine hohe Dosierung ist mit zu vielen Nebenwirkungen verknüpft.

Viele Nebenwirkungen treten allerdings überwiegend nur in den ersten Wochen der Einnahme auf und verringern sich, sobald der Körper sich daran gewöhnt hat. Es kann daher sinnvoll sein, die Medikamente nicht gleich abzusetzen, wenn sich eine Nebenwirkung bemerkbar macht. Andererseits gibt es auch Nebenwirkungen, die erst nach längerer Zeit auftreten, etwa die sogenannten „Spätdyskinesien" bei der Gabe von Neuroleptika.

Im Alter von 20 Jahren wurden mir die Mandeln im Krankenhaus entfernt, und es gibt nur wenige Dinge in diesem Leben, die mir soviel Angst bereiten wie mit dem Skalpell aufgeschnitten und wieder zugenäht zu werden. Entsprechend nervös war ich vor der Operation, bis man mir eine kleine Pille gab. Wenig später war die Angst vor dem operativen Eingriff völlig verschwunden, und ich weiß noch, dass ich mit der jungen Krankenschwester herumschäkerte und lachte, als man mich in den OP-Raum schob.

Das Medikament gehörte zu der Gruppe der **Benzodiazepine**, die in den 1970er und 80er Jahren die am häufigsten verschriebene psychopharmakologische Substanz war. Den Namen haben sie von einem bestimmten molekularen Aufbau mit einem Benzolring in der Mitte. Man hoffte, den größeren Teil der psychischen und psychosomatischen Erkrankungen damit heilen zu können, und die Psychotherapeuten befürchteten schon, in einigen Jahren arbeitslos zu werden. Dies trat nicht ein. Der Effekt von Benzodiazepinen ist interessant, diese Medikamentengruppe führt innerhalb von etwa einer halben bis einer Stunde zu einem ruhigen, leicht müden und glückseligen Zustand.

Benzodiazepine docken im Gehirn an den GABA-Rezeptor an. GABA steht für „Gamma-Amino-Butter-Acid"; es ist der wichtigste hemmende Botenstoff, der ruhiges Wohlbefinden auslöst und an Müdigkeit und auch an Schlaf mitbeteiligt ist. Die eigene Ausschüttung dieses Botenstoffes im Gehirn ist auch an Tageszeiten gebunden. So werden wir abends müde, weil das GABA-System aktiv wird. Alkohol ist die bekannteste Substanz, die den GABA-Rezeptor stimuliert. Die entspannende, enthemmende und auch angstlösende Wirkung von Alkohol kennt wohl fast jeder. Vergleichbar mit dieser Wirkung führen auch Benzodiazepine zunächst zur Beruhigung, in höherer Dosierung dann zu starker Müdigkeit bis hin zum Schlaf; daher werden sie auch als Schlafmittel eingesetzt. Eine weitere Anwendung ist die Behandlung epileptischer Anfälle, deren Ausbreitung im Gehirn mit Hilfe dieser Medikamente gebremst werden kann. Wie bei Alkohol, tritt allerdings rasch eine Gewöhnung ein, die Dosierung muss stetig weiter gesteigert werden, um noch einen sinnvollen Effekt erzielen zu können, und man verlässt irgendwann das therapeutische Fenster, in dem die erwünschte Wirkung in Relation zu den unerwünschten Nebenwirkungen steht.

Anfang der 1990er Jahre gab es kritische Stimmen, und in Untersuchungen wurde festgestellt, dass es in der Bundesrepublik rund 800.000 Benzodiazepin-Süchtige gab. Im Entzug kommt es unter anderem zu massiven Unruhezuständen, starker Ängstlichkeit und zu Schlafstörungen mit Alpträumen. Die Symptome, weswegen jemand solche Tabletten geschluckt hat, kommen mit aller Macht zurück. Aufgrund der Suchtgefahr dürfen sie heute nur noch höchstens 14 Tage lang dauerhaft eingenommen werden. Durchaus sinnvoll kann aber die Einnahme als Notfall-Medikament sein: Ein akuter Panikanfall kann damit unterbrochen werden, Leute mit Flug- oder Prüfungsangst können sich damit für einen Tag ruhigstellen. Typische Medikamente sind z. B.: Adumbran, Clonazepam, Diazepam, Librium, Lorazepam, Midazolam, Oxazepam oder Valium.

> **MANCHEN ANGSTPATIENTEN HILFT ES, EIN BENZODIAZEPIN ALS NOTFALL-MEDIKAMENT EINFACH NUR DABEIZUHABEN. IN DEM BEWUSSTSEIN, ES NEHMEN ZU KÖNNEN, GREIFEN DIE MEISTEN DANN ABER NIE ZU DEM MEDIKAMENT.**

Thienodiazepine sind nahe Verwandte der Benzodiazepine, chemisch unterscheiden sie sich, weil sie einen Diazepin-Ring statt des Benzolringes enthalten. Typische Medikamente sind Bentazepam, Brotizolam, Ciclotizolam, Clotiazepam, Etizolam.

Ein weiteres verwandtes Medikament ist **Phenibut** (β-Phenyl-γ-Aminobuttersäure), das zu der Gruppe der Phenylethylamine (PEA) gehört, die unter anderem mit sexueller Lust und Glück in Verbindung gebracht werden. Phenibut wirkt auch auf den GABA-Rezeptor, es beruhigt also und wird daher zur Behandlung von Ängsten, Schlafstörungen, der posttraumatischen Belastungsstörung, bei Alkoholentzug, Reisekrankheit und als Muskel-Relaxantium eingesetzt. Wie andere Medikamente, die auf den GABA-Rezeptor wirken, darf es nicht länger als maximal drei bis vier Wochen durchgängig eingenommen werden, um eine Sucht zu verhindern.

Antikonvulsiva (Antiepileptika) sind Medikamente, die gegen epileptische Anfälle eingesetzt werden. Bei epileptischen Krämpfen kommt es zur elektrischen „Kurzschlüssen" im Gehirn, die sich dann ausbreiten und entweder zu umgrenzten Anfällen führen (z. B. kurzzeitige Abwesenheit, Zucken nur eines Körperteils) oder zu großen Anfällen, in denen der Betroffene stürzt und dann Zuckungen des ganzen Körpers zeigt. Antikonvulsiva beruhigen das Gehirn sehr stark und führen dazu, dass solche Anfälle seltener oder gar nicht entstehen bzw. sie sich nicht über das ganze Gehirn ausbreiten können. Allerdings machen sie, gerade am Anfang, auch sehr schläfrig und führen zu Denkstörungen. Antikonvulsiva vermindern die Erregbarkeit von Nervenzellen. Diese Medikamente können daher auch zur Beruhigung gegen Ängste eingesetzt werden. Gabapentin bzw. Pregabalin (Lyrica) ist eines der bekanntesten Medikamente; es wird auch gegen chronische Schmerzen verordnet. Andere Medikamente sind z. B. Carbamazepin oder Valproat. Einige Antikonvulsiva haben Depressionen als unerwünschte Nebenwirkung, andere verstärken die Aggressivität der Patienten, die dann nichts dafür können, wenn sie leicht wütend werden.

Histamin ist ein Botenstoff, der bei allergischen Erkrankungen vom Immunsystem des Körpers produziert wird und z. B. das Hautjucken nach einem Insektenstich verursacht. Histamin wird aber auch als Neurotransmitter im Gehirn ausgeschüttet. Man stellte fest, dass eine als Anti-Histaminika bezeichnete Gruppe von Medikamenten nicht nur unerwünschte Reaktionen des Immunsystems unterdrückte, sondern auch eine angstlösende beruhigende (sedierende) Wirkung entfaltete. Diese Medikamente wirken blockierend (antagonistisch) auf den H1-Rezeptor. Der Eintritt der Wirkung ist, wie bei den Benzodiazepinen, relativ rasch. Es gibt hier zwar keine Gefahr der Entwicklung einer Sucht, aber diese Medikamente wirken auch hemmend auf das Azetylcholin-System, das im Gehirn für Wachheit und im Körper unter anderem für die Bewegung von Muskeln sorgt. Aufgrund unerwünschter Nebenwirkungen kann man diese Gruppe von Medikamenten nach Ansicht vieler Fachleute nicht zweifelsfrei gegen Angststörungen empfehlen. Bekannteste Medikamente sind z. B. Atosil und Hydroxyzin.

Antidepressiva sind eigentlich, wie der Name schon sagt, Medikamente, die gegen Depressionen eingesetzt werden. Allerdings wirken sie insgesamt stabilisierend auf die Stimmung, daher ist die Verordnung auch bei einer Vielzahl anderer psychischer Erkrankungen beliebt, etwa bei Magersucht, Borderline oder Zwangsstörungen. Im Gegensatz zu den bisher aufgezählten Medikamenten dauert es aber rund zwei bis drei Wochen, bis eine Wirkung eintritt, und man muss diese Medikamente über lange Zeiträume hinweg stetig einnehmen. Als Notfallmedikament eignen die meisten Antidepressiva sich daher nicht. Man unterscheidet, je nach chemischer Zusammensetzung, aktivierende, sedierende und stimmungsaufhellende Antidepressiva. Für Angstpatienten kommt hiervon in der Regel die sedierende Medikamentengruppe in Frage. Antidepressiva greifen vorrangig in den Serotonin-Stoffwechsel ein. Serotonin ist derjenige Botenstoff im Gehirn, der, neben anderen Aufgaben, dafür sorgt, dass wir eine gewisse Balance unserer Stimmung haben. Ist der Spiegel dieses Neurotransmitters zu niedrig, dann leidet der Betroffene oft nicht nur unter Depressionen und starken Schwankungen der Stimmung, sondern auch unter Ängsten. Antidepressiva haben eine Fülle unerwünschter Nebenwirkungen, hierzu gehören vorrangig Verdauungsprobleme, die allerdings meist nur vorübergehender Natur sind. Viele Medikamentenarten führen zu einer starken Gewichtszunahme. Da Serotonin auch auf sexuelle Verhaltensweisen Einfluss hat, ist es nicht verwunderlich, dass es als Nebenwirkung auch hier zu Problemen kommen kann. Nach langer Einnahme in hoher Dosierung können beim Absetzen erhebliche Entzugserscheinungen auftreten. In der Regel kommt es auch hier zum Rebound, d. h. die Probleme, wegen derer man die Tabletten geschluckt hat, sind nach Absetzen manchmal wieder da. Es kommt dann z. B. zu Unruhezuständen, dem Gefühl elektrischer Entladungen im Gehirn und – je nach Medikament – zu anderen Symptomen. Typische Medikamente sind z. B. Amitriptylin, Opipramol oder Buspiron.

Neuroleptika werden nur in Extremfällen gegen Ängste eingesetzt. Man unterscheidet zwei Gruppen, (a) die hochpotenten und (b) die niederpotenten Neuroleptika. Die erste Gruppe hat eine starke antipsychotische Wirkung, sie wird vorwiegend bei Schizophrenien eingesetzt. Dieses Medikament verringert typische Symptome wie Wahn und Halluzination. Die niederpotenten Neuroleptika haben eine geringere antipsychotische Wirkung, dafür sedieren sie aber stark, d. h. sie haben eine massive beruhigende Wirkung und können daher eingesetzt werden, wenn andere Medikamente keinen ausreichenden Effekt zeigen. Solche typischen Neuroleptika sind beispielsweise Melperon, Promethazin und Pipamperon.

Allerdings haben Neuroleptika erhebliche Nebenwirkungen, insbesondere auf die Motorik. Es kommt unter anderem zu unwillkürlichen Bewegungen; darüber hinaus verursachen manche Medikamente aus dieser Gruppe auch Depressionen. Die klassischen Neuroleptika wirken überwiegend auf den Dopamin-Stoffwechsel im Gehirn. Dopamin ist ein wichtiger Botenstoff im Belohnungssystem des Gehirns, es spielt eine große Rolle im Assoziationscortex beim Lösen komplexer Probleme, aber es ist auch für die Bewegungssteuerung zuständig. Klassische Neuroleptika blockieren Dopamin-Schaltstellen im Gehirn, sie vermindern dadurch die überschießenden Gedanken und Vorstellungen psychotisch Kranker, Bewegungsstörungen können aber nicht ausbleiben. Neben den klassischen gibt es die Gruppe der atypischen Neuroleptika, die nicht nur auf Dopamin wirken, sondern auch auf andere Botenstoffe im Gehirn. Diese Gruppe hat oft eine gute antipsychotische Wirkung, die Patienten leiden aber meist unter deutlich weniger Nebenwirkungen.

Eine weitere Substanz, die gegen Ängste eingenommen werden kann, bildet die Gruppe der **Beta-Blocker** (Beta-Rezeptorenblocker). Diese Medikamente blockieren die Wirkung des Stresshormons Adrenalin bzw. des im Gehirn wirksamen Neurotransmitters Noradrenalin. Sie wirken beruhigend auf das

Herz-Kreislaufsystem, haben aber keine sedierende Wirkung im Gehirn. Der stimulierende Effekt des Sympathicus wird gedämpft. Folge ist, dass in einer Situation, die eigentlich Nervosität verursachen müsste (etwa einer mündlichen Prüfung oder ein öffentlicher Vortrag), das Herzrasen weitgehend ausbleibt. Da das Herz nicht besonders schnell klopft, kommt es im Gehirn offenbar zum Umkehrschluss, und die Systeme, die für Angst zuständig sind, glauben quasi, dass wohl nichts Schlimmes vorliegen kann, wenn das Herz nicht schneller schlägt. Letztlich bleiben die physiologischen Reaktionen aus, die für Angst typisch sind. Da Beta-Blocker mental weder müde noch völlig beruhigend wirken, kann man dabei offenbar noch gut nachdenken. Hauptanwendungsgebiet der Betablocker sind Bluthochdruck und koronare Herzkrankheiten. Typische Medikamente sind z. B.: Atenolol, Betaxolol, Bisoprolol, Bupranolol, Propanolol oder Timolol.

Pflanzliche Arzneimittel sollte man nicht einfach als Scharlatanerie vom Tisch wedeln. Typisches Beispiel ist das Johanniskraut, das man von Seiten der wissenschaftlichen Medizin über Jahrzehnte in die Ecke unwirksamer Kräuterkunde abgeschoben hat, bis Studien zeigten, dass in Johanniskraut tatsächlich ein hochwirksames Antidepressivum enthalten ist.

Die meisten pflanzlichen Arzneimittel besitzen Wirkstoffe in ätherischen Ölen, die sich in Blüten, Blättern oder den Wurzeln befinden. In konzentrierter Form können sie als Nebenwirkung z. B. Reizungen von Haut und Schleimhaut hervorrufen. Daher sollte man die meisten nur verdünnt einnehmen. Überwiegend wird man heute auf Tabletten oder Flüssigkeiten zurückgreifen, die es in fertiger Form in der Drogerie oder in der Apotheke gibt. Der Kenner kann natürlich die wirksamen Teile der Pflanzen auch selbst sammeln und davon z. B. Tees herstellen. Es folgen Substanzen, die man einnehmen sollte, bevor man zu richtig starken Medikamenten greift:

- Baldrian enthält vor allem in den Wurzeln ätherische Öle, die Inhaltsstoffe wirken im Zentralnervensystem hemmend und dadurch beruhigend; sie fördern das Einschlafen. Baldrian wirkt bei Nervosität, Zuständen starker Anspannung und auch bei Ängsten. Es hilft allerdings oft nicht gleich bei der ersten Einnahme, meist muss man Baldrian mehrere Wochen kontinuierlich einnehmen, bis sich positive Effekte zeigen.

- Auch Melisse enthält ätherische Öle in den Blättern, die angstlösend, beruhigend und schlaffördernd wirken. Außerdem entfaltet Melisse positive Wirkung im Darm.

- Beim Hopfen sind die Zapfen der weiblichen Blüten Träger bestimmter ätherischer Öle, die Bitterstoffe enthalten. Hopfen dockt im Gehirn offenbar in Zentren an, die den Schlaf-Wach-Rhythmus steuern und wirkt dort ähnlich wie Melatonin, ein Hormon, das bei Dunkelheit ausgeschüttet wird und müde macht. Die schläfrig-machende Wirkung von Bier kommt damit wohl nicht nur durch den Alkoholanteil zustande. Allerdings muss man auch Hopfen über mehrere Wochen einnehmen, bis ein fühlbarer Effekt bei innerer Unruhe und Ängsten eintritt.

- Der bläulich-violett blühende Lavendel hat ätherische Öle in den Blüten, die beruhigen und sich positiv auf den Schlaf auswirken.

- Kava Kava ist ein Extrakt aus dem Rauschpfeffer, der aus dem Bereich der Südsee stammt. Die wirksamen Substanzen gewannen schon die pazifischen Ureinwohner aus den Wurzeln. Es hat eine beruhigende Wirkung und soll einen erholsamen Schlaf fördern. Es war aufgrund von Nebenwirkungen in Deutschland lange Zeit verboten, inzwischen gibt es aber neue Präparate, die im Handel erhältlich sind. Auf die Stimmung hat es einen eher dämpfenden Effekt. Kava-Kava entspannt auch die Muskulatur. Im Gegensatz zu den anderen hier vorgestellten Präparaten sollte man es aber maximal 4 Monate einnehmen, ansonsten besteht nach aktueller Forschungslage das Risiko einer Schädigung der Leber. Auch in der Schwangerschaft ist es demnach fehl am Platz.

- Die ursprünglich aus den Tropen stammende Passionsblume hat ihren Namen erhalten, da die Blüte drei Narben besitzt, die den Nägeln von Jesus Christus ähnlich sehen sollen, die fünf Staubblätter stehen symbolisch für die Wunden. Die Pflanze enthält als Wirkstoff Flavonoide, die eine beruhigende und angstlösende Wirkung besitzen und auch gegen Reizbarkeit helfen sollen.

- Die anti-entzündliche Wirkung der echten Kamille ist schon seit langem bekannt, sie trägt nicht nur zur besseren Wundheilung bei, sondern lindert auch Bauchschmerzen. Die Blüten enthalten ätherische Öle und Flavonoide. Kamille entspannt auch die Muskulatur und wirkt dadurch beruhigend.

- Johanniskraut wird heute überwiegend in Form von Tabletten gegen Depressionen und Stimmungsschwankungen eingesetzt; die angstlösende Wirkung war aber schon im Mittelalter bekannt. Genutzt werden alle Pflanzenteile außer der Wurzel. Wirksam scheinen die in der Pflanze enthaltenen Hyperforine und Hypericine zu sein. Es können aber, wie bei anderen Antidepressiva, mehrere Wochen vergehen, bis ein spürbarer Effekt einsetzt. Johanniskraut hat auch entzündungshemmende Eigenschaften. Es kann die Haut lichtempfindlicher machen und führt bei manchen Menschen zu Sonnenallergien, dann muss es sofort abgesetzt werden. Außerdem senkt es die

Wirksamkeit der Antibabypille und verstärkt oder vermindert die Wirkung weiterer Medikamente.

- Als Weihrauch bezeichnet man das Harz des Weihrauchstrauchs, der durch Anritzen der Pflanzen gewonnen wird. Der typische Geruch entsteht erst beim Verbrennen des Harzes. Ätherische Öle, Gerbstoffe und bestimmte Säuren (Boswellia) gelten als wirksame Substanzen gegen etliche Erkrankungen. Weihrauch hilft gegen Entzündungen und wird z. B. gegen Rheuma, Polyarthritis, Morbus Crohn und Colitis ulcerosa eingesetzt. Weihrauch soll auch angstlösend wirken und Depressionen lindern.

COPING-STRATEGIEN IM UMGANG MIT ANGST

Um sich bei Stress herunterzufahren, muss man nicht unbedingt Tabletten schlucken. Stress und damit auch Ängste entstehen im Grunde genommen oft erst, wenn einem die Handlungsalternativen ausgehen und man sich hilflos fühlt.

Am Donnerstag, den 5. Oktober 2017 hatte ich einen Ganztagesblock Lehre im Studienfach Medizinpädagogik in Hamburg. Um 6:30 aufgestanden und dann von 09:00 bis 18:00 Uhr durchgehend Unterricht, danach freut man sich dann doch schonmal auf den Feierabend. Aus der gemütlichen Freizeit wurde leider nichts, die Deutsche Bahn AG hatte den gesamten Zugverkehr eingestellt, weil ein als „Xavier" bezeichneter Sturm über Deutschland hinweggezogen war. Da

ich volles Vertrauen in die Bahn AG setze, setzte ich mich auch, und zwar stur in den Hamburger Hauptbahnhof. Ich war mir sicher: Irgendwann fahren die Züge nach Lübeck wieder. Wenn auch mit Verspätung, irgendwann hatte die DB mich bisher immer nach Hause gebracht. Gegen 21:00 wuchs leider die Skepsis, da die Anzeigetafeln noch immer blaue Leere zeigten und die Bahn „Hotelzüge" einrichtete, d. h. man hatte leere Waggons bereitgestellt, in denen man im Sitzen die Nacht hätte zubringen können. Langsam aber mit einer zentnerschweren Gewissheit wurde mir klar, dass die DB offenkundig nicht vorhatte, in dieser Nacht noch einen einzigen Zug Richtung Lübeck fahren zu lassen. Ich musste aber am Freitagmorgen ab 7:00 in meiner Praxis in Travemünde sein, da ich den ganzen Tag Patienten hatte. In dieser Situation kam Stress auf, denn mir liefen gerade die gewöhnlichen Handlungsalternativen aus; irgendwie musste ich nachts noch nach Hause kommen: Aber wie?

Solange man Handlungsalternativen hat, kommt es eher nicht zum Gefühl, gestresst zu sein. Daher ist es wichtig, immer einen Plan-B in der Tasche zu haben. Der Plan-B in diesem Fall bestand in der simplen Lebensweisheit: *„Man kann noch so dumm sein, aber man sollte wenigstens genug Geld in der Tasche haben."* Ich fuhr für 169,80 Euro mit dem Taxi nach Hause.

Mit den Arten, wie man Stress bewältigen kann, beschäftigte sich der amerikanische Psychologe Richard Lazarus; er unterschied drei Arten der Stressbewältigung: (1) das problemorientierte, (2) das emotionsorientierte und (3) das bewertungsorientierte Coping. Der Begriff „Coping" stammt von dem englischen Wort *„to cope"*, das *„bewältigen"* bedeutet.

Mit problemorientiertem Coping (1) ist gemeint, dass man versucht, durch Informationssuche und direkte Handlungen die stressige Situation zu meistern. Dies kann z. B. die aktive Suche nach Alternativen beinhalten, indem man etwa Leute anspricht, ob vielleicht vom Bahnhof Hamburg noch jemand Richtung Lübeck muss und man sich zusammenschließen und sich die Taxikosten teilen kann.

Durch das emotionsorientierte Coping (2) versucht man, die emotionale Erregung abzubauen. In schiere Panik zu verfallen, wenn man herrenlos am Hamburger Hauptbahnhof herumsteht, hätte gar nichts genützt. Durch emotionsorientiertes Coping versucht man die innerpsychischen Reaktionen zu erkennen und sich erst einmal gefühlsmäßig zu beruhigen, um wieder klar denken zu können. Hierzu eignen sich z. B. Entspannungsverfahren.

Bei dem bewertungsorientiertem Coping (3) versucht das gestresste Individuum sein Verhältnis zur problematischen Situation kognitiv neu zu bewerten, um besser damit umgehen zu können. Das kann zum Beispiel darin bestehen, die aktuelle Belastung eher als Herausforderung zu sehen. Ein typisches Beispiel für diese Coping-Art wäre, wenn ich versucht hätte, in dem Chaos der verzweifelten Menschen am Hamburger Hauptbahnhof eine nette Frau kennenzulernen, mit der man sich, natürlich nur aus der Not heraus, nachts ein Hotelzimmer hätte teilen können.

Welche Coping-Strategien benutzen Sie in Ihrem Leben, wenn Ihr Lebensabschnittspartner (oder ihr Chef) Sie mal wieder kritisiert hat?

Ablenkung (nicht über das Problem nachdenken, sich einfach etwas anderem zuwenden)	nie 0 — 1 — 2 — 3 — 4 — 5 oft
Altruismus (anderen helfen, ggf. auch, um eigene Probleme nicht zu sehen)	nie 0 — 1 — 2 — 3 — 4 — 5 oft
Aktiv anpacken und versuchen das Problem zu lösen	nie 0 — 1 — 2 — 3 — 4 — 5 oft
Beleidigter Rückzug, sich nicht mehr melden	nie 0 — 1 — 2 — 3 — 4 — 5 oft
Diplomatie (eine kooperative Lösung suchen, auch wenn man eigene Bedürfnisse dabei zurückstellen muss)	nie 0 — 1 — 2 — 3 — 4 — 5 oft
Dissimulation (das Problem einfach nicht wahrhaben wollen)	nie 0 — 1 — 2 — 3 — 4 — 5 oft
Emotionen ausleben (etwa heulen)	nie 0 — 1 — 2 — 3 — 4 — 5 oft
Fatalismus (sich in ein Schicksal ergeben, das vorherbestimmt und unausweichlich ist)	nie 0 — 1 — 2 — 3 — 4 — 5 oft
Kompensation (bei einem Missgeschick etwas anderes Gleichwertiges tun)	nie 0 — 1 — 2 — 3 — 4 — 5 oft
Leck-mich-am-Allerwertesten (sich völlig aus dem Umfeld zurückziehen)	nie 0 — 1 — 2 — 3 — 4 — 5 oft
Problemanalyse (was ist warum geschehen, wie kann ich künftig damit umgehen?)	nie 0 — 1 — 2 — 3 — 4 — 5 oft
Religiosität (Hilfe bei einer höheren kosmischen Macht suchen)	nie 0 — 1 — 2 — 3 — 4 — 5 oft
Rumifizieren (Hin und her überlegen, ohne eine Entscheidung treffen zu können)	nie 0 — 1 — 2 — 3 — 4 — 5 oft

Schuldsuche bei anderen	nie 0 — 1 — 2 — 3 — 4 — 5 oft
Schuldsuche bei sich und Vorsatz, sich ändern zu wollen	nie 0 — 1 — 2 — 3 — 4 — 5 oft
Stoizismus (stolzes Akzeptieren des Schicksals ohne zu klagen)	nie 0 — 1 — 2 — 3 — 4 — 5 oft
Suche nach Zuwendung bei anderen, Suche nach Trost	nie 0 — 1 — 2 — 3 — 4 — 5 oft
Wut und Zorn ausleben	nie 0 — 1 — 2 — 3 — 4 — 5 oft

Die Coping-Theorie unterscheidet hier zwischen positiven Ansätzen, die sich um eine Lösung des Problems bemühen und negativen Ansätzen, die einen eigentlich nicht wirklich weiterbringen. Wenn Sie sich die Strategien anschauen, die Sie oft durchführen, welche davon sind eigentlich nützlich und welche hemmen Sie eher beim Erreichen Ihrer Ziele?

Der berüchtigte „Stinkefinger" kann auch eine Methode des Copings sein, um mit schlecht lösbaren Problemen umzugehen. Zeigen Sie Ihrer Angst beim nächsten Mal einfach den Mittelfinger!

WOLLEN SIE ETWA WIRKLICH ANGSTFREI LEBEN?

Der Vulkanier Mr. Spock aus der Star-Treck-Serie soll den Vertreter einer außerirdischen Spezies darstellen, die hinsichtlich ihres Verstandes weit oberhalb der menschlichen Rasse liegt, weil sie ihre Emotionen vollständig kontrollieren kann und sich nur auf der Basis rationaler Kalkulationen entscheidet.

Wenn das eigene Leben durch Ängste beherrscht wird, dann wünscht man sich oft wie Mr. Spock zu sein und überlegt, ob man sich diesen Hirnteil, der Unruhe, Furcht und Nervosität produziert, nicht einfach aus dem Schädel herausoperieren lassen könnte.

Aber wäre ein Leben völlig ohne Emotionen wirklich so erstrebenswert? Weiter oben wurde bereits kurz auf die Persönlichkeitsstörung „Soziopathie" eingegangen. Das sind Menschen, die kaum Angst fühlen. Solche Menschen kommen eigentlich nie zum Psychotherapeuten, da sie selbst keinerlei Leidensdruck spüren, woher auch, belastende Emotionen sind ihnen ja weitgehend fremd. Das Leid liegt eher auf Seiten der Umwelt, die der Soziopath mit seinen Verhaltensweisen tyrannisiert.

Im Rahmen von Gerichtsfällen hat man auch als Psychologe Kontakt mit solchen Menschen. Ein solcher Fall war Sören B., der auf einem einsamen Wanderweg eine Frau bedroht und versucht hatte, ihr den Rucksack zu entreißen. Als er schließlich verhaftet werden konnte, trat er einer Polizeibeamtin in den Magen und gegen das Schienenbein. Herr B., zu diesem Zeitpunkt Anfang 20 und mittelgradig übergewichtig, war bereits etliche Male mit dem Gesetz in Konflikt geraten, vorwiegend wegen Diebstahl, Nötigung und Beleidigung. Ursache des Verhaltens von Sören B. war ein Tumor im vorderen Teil des Gehirns, der mitunter auch als „Engelsgehirn" bezeichnet wird, da dort soziale Verhaltensweisen, Moral und Ethik beheimatet sind. Über die hier liegenden „Spiegelneurone" können wir uns in andere hineinfühlen und tun den Menschen um uns herum nichts Böses an, weil wir das Leid des anderen in uns selbst mitspüren. Das ist die neurobiologische Grundlage von Empathie und eines ausgewogenen sozialen Zusammenlebens.

Bei Sören war genau dieses Hirnteil durch den Tumor und die nachfolgende Operation zerstört worden. Hierdurch hatte sich sein Verhalten völlig verändert. Der junge Mann ignorierte nach Entlassung aus der Klinik die Gebote und Verbote seiner Eltern völlig, er war berechnend und machte nur das, was sich für ihn lohnte. Typisch war, dass er nicht über langfristige Konsequenzen nachdenken konnte, er sah nur den kurzfristigen Vorteil. Seine „exekutiven Funktionen", die entscheidend für die Selbststeuerung einer Person sind, waren durch die Schädigung zerstört worden. Bei neuropsychologischen Untersuchungen war er kaum in der Lage komplexe Handlungen zu planen. Sein Verhalten wurde von verschiedenen Einrichtungen, in denen lebte, als instabil und impulsiv geschildert. Er trank zuviel Alkohol und nahm Drogen, da er auch dieses Verhalten kaum steuern konnte. Eine Entgiftung brach er ab, da er das Ausmaß seiner Sucht gar nicht begreifen konnte und auch während des stationären Aufenthaltes erneut Bier zu sich nahm. Über die Tragweite seiner Verstöße war er sich kaum bewusst und nicht in der Lage seine Lebenssituation realistisch einzuschätzen. Normen und Werte der Gesellschaft negierte er oder nahm sie gar nicht wahr. Mit Kritik konnte er nicht umgehen, er reagierte dann aggressiv und trotzig. Sein Verhalten war unüberlegt und impulsiv, er konnte die Konsequenzen seiner Handlungen nicht wirklich voraussehen. Deutlich wurden immer wieder kriminelle Tendenzen, da er nicht einschätzen konnte, was Recht ist und was nicht. Seine Frustrationstoleranz war nur gering und er neigte zu Gewaltausbrüchen und Aggressivität. In einer Therapie konnte er Absprachen nicht akzeptieren, er war argumentativ nicht erreichbar und zeigte planloses Kaufverhalten, wobei er seine finanziellen Möglichkeiten überschätzte. Krankheitseinsicht besaß er gar nicht, seine Delikte verharmloste er. Es bestand ein deutlich erhöhtes Risiko für aggressive Impulsdurchbrüche und für Delikte wie Diebstahl und Körperverletzung.

Soziopathen kennzeichnen sich durch folgende Denk- und Verhaltensweisen:

- Hauptpunkt ist, dass sie so gut wie keine Angst haben, dies begünstigt alle weiteren Punkte.
- Sie können wie gedruckt lügen, ohne rot zu werden.
- Sie versuchen beständig andere auszunutzen und über den Tisch zu ziehen, ohne eine Gegenleistung zu erbringen.
- Stress und Befürchtungen anderer können sie nicht verstehen, sie machen sich darüber lustig, wenn andere ängstlich sind.
- Sie haben keine Angst davor, den Job zu verlieren.
- Reue oder Scham sind für sie völlig fremde Gefühle.
- Altruistisches Verhalten, d. h. anderen zu helfen, halten sie für Zeit- oder Geldverschwendung.
- Sie freuen sich, wenn sie andere besiegen, verletzen oder ausnutzen konnten; Empathie, d. h. Einfühlungsvermögen in das Leid ihrer Opfer fehlt ihnen völlig.
- Soziopathische Menschen sind zu echter Liebe weitgehend unfähig; Partnerschaft bedeutet für sie das Ausleben von Sex, nicht aber die emotionale Bindung an einen Menschen.
- Sie lieben exzessive Abenteuer, nächtelange Partys, Achterbahnfahren und andere Extremerlebnisse in Freizeitparks, Bungee-Jumping, Fallschirmspringen, Motorradfahren usw.
- Soziopathen neigen oft zu impulsiven Verhaltensweisen, sie werden z. B. verbal oder auch körperlich aggressiv, ohne über die Folgen nachzudenken.
- Soziopathen sind weitgehend unfähig aus negativen Erfahrungen zu lernen; auch wenn sie für ihr Verhalten bestraft worden sind, setzen sie es fort.
- Soziopathen haben ein hohes Risiko abhängig von Alkohol oder anderen Drogen zu werden, da sie auf kurzfristigen Spaß setzen, aber vor langfristigen Gefahren keine Angst haben.
- Sie sind meist völlig unfähig einzusehen, dass ihr Verhalten nicht normal ist.

Wollen Sie jetzt noch immer unbedingt Ihre Angst völlig loswerden und als Soziopath im Gefängnis enden?

Angst kann man aber tatsächlich völlig loswerden. Es gibt eine seltene Erkrankung, bei der das Angst-Zentrum Stück für Stück über Jahre hinweg zerstört wird. Das Urbach-Wiethe-Syndrom ist eine allmähliche Verkalkung der Amygdala, dem wichtigsten neuronalen Knotenpunkt für die Entstehung von Angst im Gehirn. Es beruht auf einer Erbkrankheit, durch die es zu Ablagerungen in der Haut und im Gehirn kommt. Eine der wesentlichsten Folgen sind Läsionen der beiden Amygdalas, die zum Limbischen System gehören. Patienten, die un-

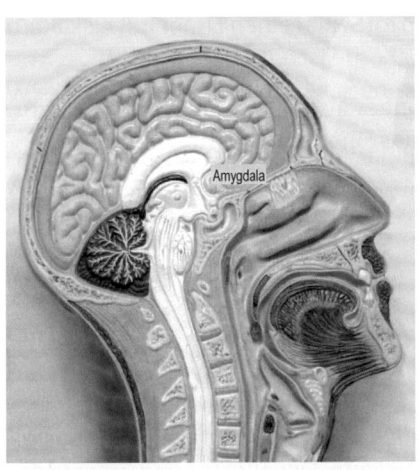

ter dem Urbach-Wiethe-Syndrom leiden, haben normale kognitive Fähigkeiten, zeigen aber umfangreiche emotionale Defizite. Justin Feinstein von der University in Iowa (USA) publizierte 2010 die Beschreibung einer Frau, die seit ihrer Kindheit unter dieser Erkrankung litt. Die Patientin spürte niemals Angst. In einer Zoohandlung zeigte sie keinerlei Furcht davor, Taranteln oder Schlangen zu berühren. Filme wie „Das Schweigen der Lämmer" oder „Shining" fand sie langweilig. Auf Fragen hin zeigte sich, dass die 44-Jährige auch im Alltag keine Ängste spürte. Die letzten Angsterfahrungen, an die sie sich erinnern konnte, stammten aus der Zeit bis etwa zum 10. Lebensjahr. Danach, so vermuten die Wissenschaftler, war die Zerstörung der Amygdala vollständig.

Theoretisch könnte man die beiden Amygdalae (jeweils eine in der rechten und linken Hirnhälfte) durch einen neurochirurgischen, stereotaktischen Eingriff bei Angst-Patienten zerstören und den Betroffenen damit für immer alle ihre Panikgefühle nehmen. In der Praxis funktioniert das vermutlich nicht, denn die Amygdala hat wichtige Aufgaben für die Gedächtnisfunktionen. Sie gilt als Katalysator dafür, ob und welche Erfahrungen im Gedächtnis abgespeichert werden. Allerdings beschrieb Feinstein seine Patientin in dieser Beziehung als kognitiv unauffällig. Daher wird man die weitere Forschung abwarten müssen.

Geradezu sympathisch wird angstfreies Verhalten dagegen in dem Märchen „Von *Einem, der auszog das Fürchten zu lernen*" der Gebrüder Grimm geschildert. Hier heißt es:

Wenn abends beim Feuer Geschichten erzählt wurden, wobei einem die Haut schaudert, so sprachen die Zuhörer manchmal: *„Ach, es gruselt mir!"* Der jüngste Sohn saß in einer Ecke und hörte das mit an und konnte nicht begreifen, was es heißen sollte. *„Immer sagen sie, es gruselt mir, es gruselt mir! Mir gruselt's nicht. Das wird wohl eine Kunst sein, von der ich auch nichts verstehe."* Als er älter wurde und einen Beruf erlernen sollte, da antwortete er: *„Ei, Vater, ich will gerne was lernen; ja, wenn's anginge, so möchte ich lernen, dass mir's gruselte; davon verstehe ich noch gar nichts."*

Letztlich, wie das im Märchen so ist, erlöst er das Schloss des Königs und heiratet die Prinzessin. Ein Gefühl, dass dem Fürchten zumindest ähnlich ist, erlebt er erst als seine frisch angetraute Frau ihm im Schlaf einen Eimer mit eiskaltem Wasser und zappelnden Fischen über den Körper schüttet.

Für jemanden, der keine Angst hat, scheint es also schwierig zu sein, das Gruseln zu lernen. Sehr viel einfacher ist es, das Fürchten zu verlernen. Wir beginnen mit einer ersten Übung.

IHRE ANGST IST EINE ZIEGE

Wo wir gerade über Märchen sprechen, sollte hier noch ein weiteres zitiert werden: „Tischlein deck Dich!" fängt damit an, dass jeder der drei Söhne eines Schneiders die einzige Ziege auf die Weide führen soll, damit sie dort ausreichend fressen und der Familie Milch geben kann. Der älteste Sohn brachte das Tier auf den Kirchhof, wo die schönsten Kräuter standen, ließ sie da fressen und herumspringen. Abends, als es Zeit war heimzugehen, fragte er: *„Ziege, bist du satt?"*

Die Ziege antwortete: *„Ich bin so satt, ich mag kein Blatt: mäh! mäh!"*

Ihre Angst ist eine Meckerziege!

Zu Hause aber, als der Vater die Ziege fragte, ob sie satt sei, antwortete das Tier: *„Wovon sollt ich satt sein? Ich sprang nur über Gräbelein und fand kein einzig Blätte-lein: mäh! mäh!"*

„Der gottlose Bösewicht!", schrie der Schneider, *„so ein frommes Tier hungern zu lassen"*, lief hinauf und schlug mit der Elle den Jungen zur Haustüre hinaus. Er beauftragte dann am nächsten Tag den zweiten und schließlich den dritten Sohn, mit denen die Ziege das gleiche Spiel machte.

Dass die drei Söhne letztlich dann doch ihr Glück fanden, ist hier nur von untergeordnetem Belang. Wichtig ist, dass gut gefütterte, große und starke Ziegen auch entsprechend bockig werden. Wenn man einer Ziege viel Zeit widmet und sie gut füttert, dann wird sie immer größer und stärker und frecher. Wenn man sie vernachlässigt, dann wird die Ziege immer schmächtiger, kleiner und unbedeutender.

IHRE ANGST IST EINE MECKERZIEGE!

Ihre Angst lebt davon, dass Sie sich mit ihr beschäftigen. Jede Minute, die Sie sich der Angst hingeben, füttert die Meckerziege und aus einem kleinen, unbedeutenden Gefühl wird ein riesiges, dunkles Wesen, das immer mehr Macht über Ihr Leben gewinnt.

Je weniger Sie sich aber mit der Angst beschäftigen, umso kleiner wird sie. Je mehr sie aktiv werden, etwas unternehmen, Dinge tun und die Befürchtungen einfach nicht beachten, um so winziger wird sie, verzieht sich irgendwann beleidigt in die hinterste Ecke. Und Sie sind die Angst los!

Merken Sie sich:

LASSEN SIE IHRE ANGST VERHUNGERN, INDEM SIE EINFACH NICHT MEHR DARAUF EINGEHEN!

JEDE MINUTE, DIE SIE AUF IHRE ANGST ACHTEN, MACHT DIE ANGST STÄRKER!

JEDE MINUTE, IN DER SIE AKTIV ETWAS UNTERNEHMEN UND FREUDE HABEN, MACHT DIE ANGST KLEINER!

Bitte schätzen Sie sich in dem folgenden Fragebogen einmal selbst ein. Sie können Ihre Antworten hierbei abstufen zwischen -3 (sehr stark negativ) über Null (weder noch) bis +3 auf der anderen Seite.

Ich bin meist eher sehr ...

depressiv	−3	−2	−1	0	+1	+2	+3	fröhlich
fleißig	−3	−2	−1	0	+1	+2	+3	faul
ruhig	−3	−2	−1	0	+1	+2	+3	hektisch
ängstlich	−3	−2	−1	0	+1	+2	+3	mutig
friedfertig	−3	−2	−1	0	+1	+2	+3	aggressiv
kontaktreich	−3	−2	−1	0	+1	+2	+3	kontaktarm
hart zu mir	−3	−2	−1	0	+1	+2	+3	weich zu mir
labil	−3	−2	−1	0	+1	+2	+3	stabil
offen	−3	−2	−1	0	+1	+2	+3	verschlossen
unerotisch	−3	−2	−1	0	+1	+2	+3	liebeshungrig
dominant	−3	−2	−1	0	+1	+2	+3	unterordnend
flippig, witzig	−3	−2	−1	0	+1	+2	+3	langweilig

Bei der Tabelle wird Ihnen vielleicht aufgefallen sein, dass die guten Charaktereigenschaften mal auf der einen und das andere Mal auf der anderen Seite der Skala stehen. Das liegt ganz einfach daran, dass es keine guten und keine schlechten Charaktereigenschaften gibt. Man ist wie man ist und man sollte sich so akzeptieren wie man nun mal ist. Ängstlichkeit bewerten Sie vielleicht noch immer als schlecht, aber wir haben bereits gelernt, dass es in manchen Situationen lebensrettend sein kann, wenn man ängstlich ist. Friedfertigkeit ist eine sozial erwünschte Eigenschaft, aber manchmal muss man in dieser Welt auch aggressiv sein können, um seine Interessen durchzusetzen. Offene Menschen erzählen jedem flüchtig Bekannten alles aus ihrem Leben – und geraten nicht selten gerade deswegen in Probleme; verschlossene Menschen sind da vorsichtiger.

Darauf zielt diese Übung aber gar nicht ab. Die Gestaltpsychologie begründete das bekannte Prinzip: Das Ganze ist mehr als die Summe seiner Teile. 100 Puzzleteile sind ein Berg Pappe, setzt man sie aber zusammen, hat man ein hübsches Bild. Oder: Ein Konzert besteht eigentlich nur aus Tausenden von einzelnen Tönen, zusammengesetzt bilden sie eine komplexe musikalische Sinneswahrnehmung.

Aus der Gestaltpsychologie erwuchs die Gestalttherapie. Begründer waren Friedrich (Fritz, 1893–1970) und Laura Perls (1905–1990), die sich mit ihren Ideen von der bis dahin dominierenden Psychoanalyse absetzten. Die Gestalttherapie geht von mehreren Grundsätzen aus. Der eine ist das „Hier-und-Jetzt-Prinzip", d. h. die gegenwärtige Situation wird als der entscheidende Ort betrachtet, wo Veränderung geschieht. Im Gegensatz zur Tiefenpsychologie muss man also nicht unbedingt in den dunkelsten Sümpfen tiefster Kindheit herumwühlen, sondern konzentriert sich auf diesen Moment.

Wie fühlen Sie sich eigentlich jetzt gerade:

Im Zentrum dieses Behandlungsverfahrens der Gestalttherapie steht das unmittelbar erlebte Gewahrsein des Klienten von sich selbst und von seinen Wahrnehmungen und Handlungen im Kontakt zu seiner sozialen Umwelt.

Die Gestalttherapie geht außerdem davon aus, dass wir von allen Charaktereigenschaften immer beide Seiten in uns tragen. Man ist also nicht ängstlich oder mutig, sondern jeder von uns trägt beide Persönlichkeitseigenschaften in sich. Wir konzentrieren uns aber oft nur auf eine dieser beiden Seiten. Ängstliche Menschen nehmen an sich selbst nur die ängstliche Seite wahr, sie unterdrücken ihre mutige Hälfte. Bei Menschen, die das Selbstbild haben, immer mutig sein zu müssen, ist es umgekehrt: Sie unterdrücken ihre ängstliche Seite, obwohl es sicherlich Situationen gibt, wo sie am liebsten auch gerne einfach einmal in den Arm genommen werden möchten.

Eine der wesentlichsten Aufgaben der Gestalttherapie ist es, beide Seiten an sich wahrzunehmen und beide zu akzeptieren. Es macht keinen Sinn, jeweils einen der beiden Endpunkte aus seinem Denken auszuschließen. Jeder von uns hat eine friedfertige Seite in sich und eine aggressive. Beiden muss man Gelegenheit geben, hervorzukommen, beide muss man ausleben, und vor allem sollte man beide bei sich selbst kennen und akzeptieren.

Gehen Sie nun den Fragenbogen oben nochmals durch und schauen Sie sich die 12 Fragen an: Wo haben Sie einen Extremwert (−3, −2 oder +2, +3) angekreuzt? Das sind die Eigenschaften, wo Sie nur eine Seite der Persönlichkeitseigenschaften an sich selbst wahrnehmen. Die andere Seite steckt aber auch in Ihnen; nach Ansicht der Gestalttherapeuten unterdrücken Sie diese andere Seite aber. Aus Gründen, die meist in der Kindheit und Erziehung liegen, wollen Sie die andere Seite dieser Eigenschaften nicht an sich selbst wahrnehmen. Vielleicht haben ihre Eltern Sie dafür belohnt, Angst zu zeigen? Nur dann kam ihre Mama und hat Sie in den Arm genommen? Ängstlich zu sein hatte damals also eine Funktion, um mehr Mutterliebe zu erhalten. Hatten Sie vielleicht im bisherigen Leben nie die Chance wahrzunehmen, dass Sie auch eine mutige Seite in sich tragen?

Bitte nehmen Sie sich jetzt etwas Zeit und schreiben Sie hier in Stichpunkten 10 Situationen auf, in denen Sie Mut bewiesen haben! Wann haben Sie es, von ihrer Kindheit bis heute, geschafft über den eigenen Schatten zu springen und etwas Mutiges zu tun? Etwas, das Sie sich eigentlich zunächst gar nicht zugetraut haben?

1. _____

_____

_____

_____

2. _____

_____

_____

_____

3. _____

_____

_____

_____

4. _____

_____

_____

_____

5. _____

_____

_____

_____

6. _____

_____

_____

_____

7. _____

_____

_____

_____

8. _____

_____

_____

_____

9. _____

_____

_____

_____

10. _____

_____

_____

_____

_____

Christa W., 34 Jahre alt, Single, eine meiner Patientinnen, schreibt mir aufgeregt eine Nachricht auf mein Smartphone: Sie ist völlig fertig mit den Nerven, man hat von Amts wegen ihr Auto stillgelegt, sie weiß nicht, was sie tun soll. Erst nach längerem Nachfragen stellt sich heraus, dass sie seit Monaten ihre Post nicht mehr geöffnet hat. Dutzende ungeöffneter Briefe liegen auf der Kommode im Flur. Vor allem alle Schreiben, die irgendwie amtlich aussehen, machen ihr Angst, denn es könnte etwas Schlimmes darinstehen. Ich weiß um dieses Problem und habe ihr in der Vergangenheit mehrfach nette Briefe geschrieben, damit sie lernt, dass in der Post auch etwas Angenehmes versteckt sein kann. Erst mit viel gutem Zureden beginnt sie den Poststapel zu durchforsten und findet schließlich drei Mahnungen des Finanzamtes, endlich ihre Kfz-Steuern zu bezahlen. Nun muss sie dort anrufen und ihre Schulden bezahlen; eine gute Übung, die sie sich aber lieber erspart hätte.

Ein Teil der hoch-ängstlichen Menschen neigt dazu, Vorhaben, die Befürchtungen auslösen, möglichst lange vor sich herzuschieben. Die Konfrontation macht Angst, also schiebt man's auf die lange Bank. Etliche meiner Studenten zeigen ähnliche Verhaltensweisen vor Referaten, Prüfungen oder Klausuren. Der Gedanke daran löst Angst aus, also denkt man besser nicht daran, bis es eigentlich zu spät ist, sich angemessen darauf vorzubereiten. Entsprechend schwach fällt der Vortrag oder die Zensur in der Prüfung aus, was dann die Ängste vor dem nächsten Ereignis dieser Art wieder verschärft. Das Nicht-dran-Denken löst das Problem kurzfristig, die Angst ist dann ja erstmal weg. Langfristig steigt sie dummerweise exponential an, wenn der Prüfungstermin kurz bevorsteht.

Meinen Studenten sage ich immer, dass es eine ganz simple Methode gibt, völlig ruhig, relaxed und ausgeglichen in eine Prüfung zu gehen. Wenn sie dann mit hochgezogenen Augenbrauen fragen *„Welche denn?"* antworte ich: *„Sie müssen nur mehr wissen als der Prüfer."* Das klingt zwar scherzhaft, aber auch ein Hochschullehrer ist nur ein Mensch mit eingeschränkten und oft hochspezialisierten Kenntnissen in einem umgrenzten Bereich (anders wird man nicht Professor). Wer sich wirklich sauber auf eine Prüfung vorbereitet hat, kann weitgehend angstfrei in die Prüfung gehen.

Falls Sie zu dem Typus gehören, der angstbesetzte Dinge gerne aus seinem Bewusstsein schiebt, dann hilft ein Plan. Nehmen wir mal das Beispiel einer Prüfung: Wie viele Tage haben Sie noch Zeit? Überlegen Sie, welche Unterlagen Sie noch lernen müssen und welche Bücher Sie durchackern sollten, um mehr zu wissen als der Prüfer. Teilen Sie die Seitenzahl grob durch die Tage und planen Sie am Ende zusätzlich noch mehrere Tage ein, um den gesamten Stoff noch mehrmals zu wiederholen. Und: Halten Sie sich an diesen Tagesplan!

Ein Plan hilft auch in anderen Lebensbereichen, die Ihnen vielleicht Angst machen. Eine Reise etwa: Machen Sie sich rechtzeitig vorher eine Liste, was Sie alles mitnehmen müssen. Das grummelige Gefühl etwas Wichtiges vergessen zu haben, reduziert sich massiv, wenn Sie sicher sind, alles eingepackt zu haben. Falls Sie etwa mit dem Zug reisen, dann suchen Sie sich alternative Verbindungen, falls Sie irgendwo den Zug verpassen, was mit einer flexiblen Fahrkarte kein Problem ist, meist fährt spätestens nach einer Stunde der nächste Zug in Ihre Richtung. Oder freunden Sie sich mit der App der Deutschen Bahn an, sie zeigt auf dem Smartphone, wann und wie es weitergeht. Falls Sie eine Platzkarte gebucht haben, dann suchen Sie am Gleis die Anschlagtafeln, mit denen man vor Ankunft des Zuges herausfinden kann, wo am Bahnsteig der Waggon hält, in dem Ihr Sitzplatz ist. Mit Hilfe solcher Vorbereitungen können Sie die Reise ruhig antreten, egal was passiert: Sie haben einen alternativen Plan B und der gibt Gelassenheit.

Das Prinzip, dass eine gute Vorbereitung Sicherheit gibt, gilt für viele Lebensbereiche. Sie sind zu einer Hochzeit eingeladen, trauen sich aber nicht hin? Wer ist

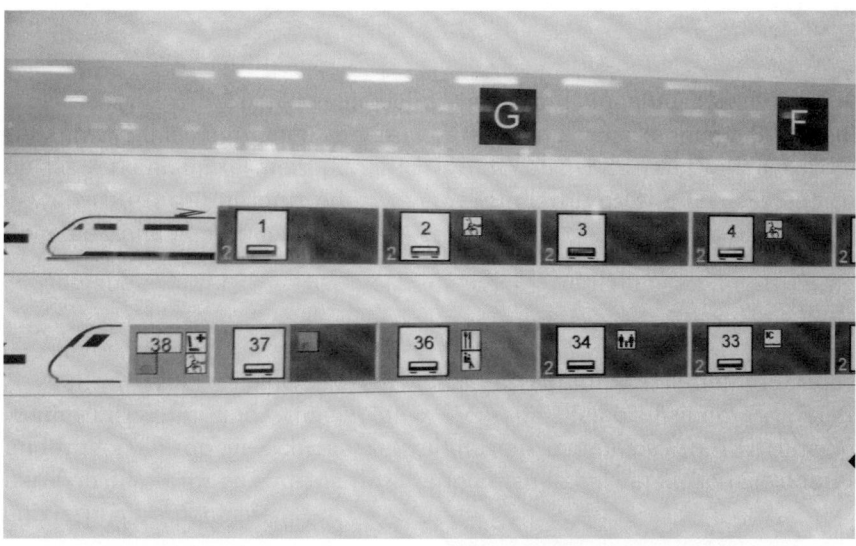

Die Anschlagtafeln der Bahn verraten Ihnen genau, in welchem Abschnitt auf dem Gleis (A bis F) der Waggon hält, für den Sie eine Platz-Reservierung haben. Der Pfeil zeigt die Fahrtrichtung des Zuges an.

noch da, den Sie (einigermaßen) gut kennen? Vielleicht können Sie mit dieser (oder einer dieser) Person(en) dorthin fahren?

Sie haben ein Vorstellungsgespräch für einen neuen Job? Informieren Sie sich vorher wie man dort hinkommt und recherchieren Sie im Internet über Produkte und Ziele der Firma, in der Sie sich beworben haben. Je mehr Kenntnisse Sie mitbringen, umso überzeugender ist der Eindruck, den Sie machen. Nehmen Sie an einem Bewerbungstraining teil oder lesen Sie zumindest ein Buch darüber, um die üblichen platten Fragen beantworten zu können (*„Warum genau haben Sie sich denn ausgerechnet bei unserer Firma beworben?"*).

Es gilt der Merksatz:

JE BESSER EINE UNTERNEHMUNG GEPLANT IST, UMSO WENIGER ANGST WERDEN SIE HABEN, WENN ES LOSGEHT.

Das Gute ist, dass Sie mit steigender Routine immer weniger planen müssen. Wenn Sie das erste Mal eine Flugreise machen, ist es völlig O. K., sich vorher den Flughafen mal anzuschauen, um sich dann gut zurechtzufinden. Wenn Sie zehnmal geflogen sind, brauchen Sie das nicht mehr. Routine ist eingekehrt.

An Flughäfen werden täglich etliche Tausende Menschen hindurchgeschleust. Das System ist ziemlich idiotensicher. Man schaut auf dem Display nach, an welchem Schalter man einchecken kann und an welchem Terminal und an welchem Gate das Flugzeug abfliegt.

Dann meldet man sich am entsprechenden Schalter und gibt sein großes Gepäck ab. Falls man sein Ticket vorher noch nicht online ausgedruckt hat, erhält man das endgültige Ticket dort.

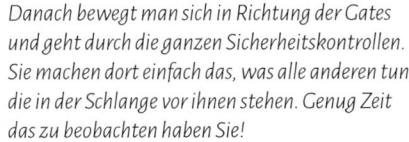

Danach bewegt man sich in Richtung der Gates und geht durch die ganzen Sicherheitskontrollen. Sie machen dort einfach das, was alle anderen tun, die in der Schlange vor ihnen stehen. Genug Zeit das zu beobachten haben Sie!

Die Gates sind dann so sicher ausgeschildert, dass man sie einfach finden muss.

Langeweile kommt auf: Man muss aufgrund der vielfältigen Kontrollen heute sehr rechtzeitig am Flughafen ankommen. Das bedeutet dann aber oft, eine Stunde am richtigen Gate herumzusitzen und auf das Flugzeug zu warten.

Den Rest erledigen Stewardessen und Flugzeugkapitän für Sie. Über den Wolken scheint immer die Sonne. Genießen Sie den herrlichen Ausblick auf die Miniatur-Landschaft unter Ihnen.

SEI SPONTAN!

O. K., ein Plan hilft. Manchmal neigen ängstliche Menschen aber auch dazu, viel zu viel zu planen und bremsen sich damit selbst aus. Es ist völlig richtig, wichtige Dinge gut zu planen, aber es ist ebenso völlig verkehrt alles durchzuplanen.

In der Filmkomödie „Der Ja-Sager" von Payton Reed (2008, mit Jim Carrey in der Hauptrolle) wird Carl gezeigt, ein junger Mann, der das Gegenteil von spontan ist, strenggenommen lehnt er alles ab. Er vermeidet soziale Kontakte und ignoriert Anrufe und Einladungen seiner Freunde, bis Nick ihm ein Motivationsseminar empfiehlt. Dort trifft Carl auf den Guru Terrence Bundley, der ihm das Versprechen abnimmt, nie mehr „Nein", sondern nur noch „Ja" zu sagen. Ein Obdachloser, den er daraufhin mitnimmt, klaut ihm sein Geld, und Carl bleibt mit leerem Tank liegen. Er wird aber von einem Mädchen namens Allison auf ihrem Roller mitgenommen. Ermuntert von seinem plötzlich so aufregend gewordenen Leben, fragt Carl sie, ob sie mit ihm knutschen wolle? Er rechnet fest mit einer Ablehnung, doch sie tut es. Daraufhin nutzt er jede Gelegenheit, um „ja" zu sagen, was zwar auch nicht immer wirklich gutgeht, aber die Botschaft dieses Films ist eindeutig: Das Leben kann ziemlich flippig werden, wenn man sich nicht mehr hinter dem Ofen verkriecht.

Spontan kann man leider nicht auf Befehl sein. In der Psychologie wird das „Sei-Spontan-Paradoxon" beschrieben, das besagt, dass man *spontan* halt nur spontan sein kann. Vornehmen kann man sich das nicht wirklich. Immerhin bietet es eine Fülle von Möglichkeiten, wenn man auf spontane Angebote (*„Wollen wir einen Kaffee trinken?"*, *„Kommst Du mit in die Kantine?"*, *„Hast Du Lust am Wochenende mit auf eine Party zu kommen?"*, *„Können Sie nächste Woche einen Vortrag halten?"*, *„Ihr Kollege ist krank, ist es möglich, dass Sie nächste Woche an der Konferenz in New York teilnehmen und unsere Abteilung dort vertreten?"*) nicht sofort hektisch nach Ausreden sucht, um das ablehnen zu können. Wer weiß, was Sie dadurch im Leben alles schon verpasst haben? Fangen Sie einfach klein an, auf solche Angebote einfach mal „ja" zu sagen. Und zwar möglichst ohne Wenn und Aber!

BABYSTEPS

Rom, wie es im Sprichwort so nett heißt, wurde auch nicht an einem Tag erbaut. Wenn Sie neue Verhaltensweisen ausprobieren, dürfen Sie kleine Schritte machen. 1991 kam der Film „Was ist mit Bob" von dem Regisseur Frank Oz in die Kinos. In dem Film hatte der New Yorker Psychiater Dr. Leo Martin sein Buch „Babysteps" (Babyschritte) publiziert, in dem Menschen mit psychischen Störungen angeleitet werden, den Weg der kleinen Schritte zu gehen.

Auch wenn der Film letztlich Comedy ist und sich über Patienten und ihre Therapeuten eher lustig macht: Das System der „Babysteps" funktioniert tatsächlich. Ein chinesisches Sprichwort sagt hierzu auch: *„Jede lange Reise beginnt mit* dem ersten Schritt!" Man besteigt den Himalaya nicht an einem Tag, sondern klettert immer ein kleines Stück höher. Das können Sie mit ihren sozialen Fertigkeiten ebenso machen. Wir fangen mit ganz kleinen Aufgaben an, die Sie bewältigen können und gehen dann einen Schritt weiter. Die ersten Babyschritte werden mühsam und wackelig sein, und Sie werden hin und wieder auf den Popo plumpsen. Lassen Sie sich davon nicht entmutigen. So wie ein Kleinkind erst das Gehen und dann das Laufen lernt und schließlich rennen kann, so können Sie Ihren Aktionsradius immer weiter ausdehnen.

Laufen will auch gelernt sein. Mit jedem Schritt kommt man ein kleines Stückchen im Leben voran.

BEDIENUNGSANLEITUNG FÜR IHR NEUES SELBSTBEWUSSTSEIN

Menschen, die unter sehr vielen Ängsten leiden, haben sich oft im Lauf der Jahre immer weiter von vielen Aktivitäten zurückgezogen, so dass sie schließlich Angst vor allem haben. Sie leben irgendwann wie auf einer einsamen Insel, auf der das Wasser allmählich immer höher steigt. Nun gilt es, die Insel wieder größer werden zu lassen. An der Nordsee hat man das früher so gemacht, indem

Nicht „Reif für die Insel ...", sondern der Slogan heißt nun: „Vergrößern Sie die Insel Ihrer sozialen Kompetenzen!"

man während der Ebbe Land eingedeicht hat, in welches das Meer dann nicht mehr eindringen konnte. Ebenso sollen Sie nun daran arbeiten, Ihre Insel zu vergrößern. Das Gewinnen von neuem Land geschieht dadurch, dass Sie Stück für Stück neue Kompetenzen erwerben. Wenn Sie Angst haben, im Supermarkt Einkaufen zu gehen, dann üben Sie das so lange, bis Sie die Angst davor völlig verloren haben. Das geht! Und damit haben Sie eine neue soziale Kompetenz erlernt, die Ihr Leben künftig erweitert und damit Ihre Insel vergrößert. Wenn Sie Angst haben, mit öffentlichen Verkehrsmitteln zu reisen, dann trainieren Sie das so lange, bis die Angst verschwunden ist. Und wieder haben Sie Ihrer Insel ein weiteres Stück Land hinzugefügt. Wenn Sie Angst haben mit dem Fahrstuhl zu fahren, über Brücken zu gehen oder einen Arztbesuch zu machen, das alles üben Sie so lange, bis sie die Situation angstfrei erleben können. Und erneut ist Ihre Insel gewachsen. Wenn Ihr Bekannten- und Verwandtenkreis minimalistisch ist, dann bemühen Sie sich darum, neue Menschen kennenzulernen oder alte Freundschaften zu reanimieren. Gerade Freundschaften vergrößern die Insel Ihrer sozialen Kompetenzen ganz erheblich!

Die folgenden Übungen sind hierarchisch stufenweise aufgebaut und nach verschiedenen Rubriken unseres menschlichen Zusammenlebens geordnet. Es handelt sich überwiegend um normale Handlungen, die wir beherrschen müssen, um durch das Leben zu kommen.

Bitte beachten Sie unbedingt folgende Bedienungsanweisung:

1. Es ist wichtig, dass Sie zunächst ein Entspannungsverfahren so gut beherrschen, so dass Sie sich mental beruhigen können wenn bei einer Übung zuviel Angst auftreten sollte. Sie sollten also mindestens 3 bis 4 Wochen lang regelmäßig ein Entspannungsverfahren erlernt haben und erst dann mit den Übungen anfangen.

2. Bei Angst ist unser Körper biologisch auf die Kampf- und Fluchtreaktion vorbereitet. Sollte also die Angst bei einer Übung zu groß sein und Sie keine Möglichkeit haben, Ihr Entspannungsverfahren einzusetzen, dann kann es sinnvoll sein, sich zu bewegen.

3. Wichtig ist, dass Sie jede einzelne Stufe so lange üben, bis sie diese wirklich ohne Angst beherrschen.
   Überlasten Sie sich aber nicht. Wenn Sie die entsprechende Übung das erste Mal machen, wird die Angst entsprechend groß sein. Versuchen Sie das möglichst lange durchzustehen. Falls die Angst unerträglich wird, ist es besser, die Übung zu unterbrechen und sich erst einmal mit dem Entspannungsverfahren zu beruhigen. Probieren Sie es möglichst direkt danach erneut, bis Sie Erfolg haben.

4. Es ist wichtig, dass Sie möglichst jede Übung so abschließen, dass Sie das Gefühl haben, die Situation gemeistert zu haben. Hören Sie möglichst nicht mit den Übungen auf, wenn Sie gerade einen Durchhänger haben. Hören Sie erst auf, wenn Sie es ein- oder besser noch mehrfach geschafft haben.

5. Misserfolge sind nie auszuschließen, da bei vielen Übungen nicht vorhergesagt werden kann, wie Ihre Umwelt reagiert. Haken Sie den Misserfolg als wesentliche Erkenntnis ab und üben Sie weiter, bis Sie zufrieden sind. Misserfolge sind auch wichtig, wir müssen lernen in dieser Welt damit umzugehen.

6. Üben Sie so oft wie möglich.

7. Die Angst vor bestimmten sozialen Handlungen kann bei den Übungen zunächst größer werden. Geben Sie dann keinesfalls auf. Das ist eine Phase, die Sie durchstehen müssen. Wenn Sie die Übung das erste Mal machen, wird die Angst groß sein. Wenn Sie eine Verhaltensweise 100 Mal gemacht haben, werden Sie mit Sicherheit keine Angst mehr davor haben, weil Sie genau wissen, wie Sie sich benehmen müssen.

8. Protokollieren Sie Ihre Übungen in kurzen Stichworten auf den anhängenden Zetteln und besprechen Sie den Lernerfolg ggf. mit Ihrem Therapeuten, falls Sie einen haben.

9. Wechseln Sie zu einer anderen Übung, wenn Sie eine Verhaltensweise gut beherrschen. Am besten ist es meist, wenn Sie hierbei die nächsthöhere Übung aus derselben Rubrik nehmen. Es ist aber auch erlaubt, mit einer anderen Rubrik weiterzumachen. Die Rubriken sind ähnlich wie Schulfächer. Es macht keinen Sinn, wenn man eine „1" in Deutsch hat, aber alle anderen Fächer auf „5" oder „6" stehen. Sie können also durchaus mit den leichten Übungen aus unterschiedlichen Rubriken beginnen und dann stückweise zu den schwierigeren gehen.

10. Wenn Sie eine Verhaltensweise (z. B. Einkaufen oder öffentliche Verkehrsmittel benutzen) ohnehin gut beherrschen, müssen Sie diese natürlich nicht üben.

11. Wenn eine Übung für Sie gar nicht in Betracht kommt, dann dürfen Sie diese auslassen. Sie sollten aber eventuell zu einem späteren Zeitpunkt überlegen, ob Sie diese Übung nicht doch noch machen möchten.

FRAGEBOGEN: WER BIN ICH?

1. Was stört mich an mir selbst:

   _____

   _____

2. Was stört andere an meinem Verhalten:

   _____

   _____

3. Was finde ich gut an mir selbst:

   _____

   _____

4. Was finden andere gut an mir:

   _____

   _____

5. Was stört mich an meinem Umfeld:

   _____

   _____

6. Was finde ich gut an meinem Umfeld:

   _____

   _____

7. Was würde ich gerne mal tun:

   _____

   _____

8. Was steht meinen Zielen im Weg:

   _____

   _____

9. Was möchte ich an mir selbst verändern:

   _____

   _____

10. Was möchte ich an meinem Umfeld verändern:

    _____

    _____

WAS MUSS ICH ÜBEN?

Erster Schritt auf dem steinigen Weg Ihrer „Babysteps" ist es, nun eine Angst-Hierarchie aufzustellen. In der folgenden Tabelle sind unzählige soziale Verhaltensweisen aufgezählt, die man beherrschen sollte, um gut durch das Leben zu kommen. Sie sollen hier Punkte vergeben:

0 Punkte = Diese Verhaltensweise beherrsche ich weitgehend angstfrei.

1 Punkt = Diese Verhaltensweise macht mir ein leicht mulmiges Gefühl, das ich aber noch ertragen kann.

2 Punkte = Diese Verhaltensweise macht mir etwas Angst, wenn es sein muss kann ich es aber alleine durchstehen

3 Punkte = Diese Verhaltensweise macht mir Angst, ich vermeide sie oder stehe das nur mit Hilfe anderer durch.

4 Punkte = Diese Verhaltensweise macht mir sehr viel Angst; auch mit Hilfe anderer schaffe ich das einfach nicht.

5 Punkte = Schon alleine die Vorstellung dieser Verhaltensweise macht mir Panik; ich kann mir definitiv nicht vorstellen, das jemals zu tun.

Kreuzen Sie nun die folgenden Fragen an:

							Übung-Nr.
Im Gespräch mit gut bekannten Menschen Blickkontakt halten	0	1	2	3	4	5	1.1 bis 1.3
Im Gespräch mit Fremden oder Vorgesetzten Blickkontakt halten	0	1	2	3	4	5	1.4 bis 1.10
Zu fremden Personen Kontakt aufnehmen und etwas fragen	0	1	2	3	4	5	2.1 bis 2.12
Mit völlig fremden Personen über „Small Talk" ins Gespräch kommen	0	1	2	3	4	5	3.1 bis 3.4
Menschen dazu anregen, mehr über sich zu erzählen	0	1	2	3	4	5	3.5 bis 3.7
Neue Freunde kennenlernen	0	1	2	3	4	5	4.1. bis 4.13
Eine kleine Party organisieren	0	1	2	3	4	5	4.14 bis 4.15
Auf eine Party, ins Kino, in die Disco gehen	0	1	2	3	4	5	4.16 bis 4.18
Aktiv auf Partnersuche gehen	0	1	2	3	4	5	5.1 bis 5.10

Vor einer Gruppe etwas vorlesen	0	1	2	3	4	5	6.1 bis 6.4
Vor einer Gruppe etwas erzählen	0	1	2	3	4	5	6.5 bis 6.7
Vor einer großen Gruppe ein Referat halten	0	1	2	3	4	5	6.8 bis 6.10
Sich angstfrei in großen Menschenmassen durchdrängeln	0	1	2	3	4	5	7.1 bis 7.5
Im Imbiss etwas essen	0	1	2	3	4	5	8.1 bis 8.2
Im Restaurant etwas essen	0	1	2	3	4	5	8.3 bis 8.7
Sonderwünsche im Restaurant äußern	0	1	2	3	4	5	8.8 bis 8.10
Im Supermarkt einkaufen gehen	0	1	2	3	4	5	9.1 bis 9.3
Im Kaufhaus einkaufen	0	1	2	3	4	5	9.4 bis 9.6
Beratung und Sonderwünsche in Kaufhäusern äußern	0	1	2	3	4	5	9.7 bis 9.12
Etwas Gekauftes wieder umtauschen	0	1	2	3	4	5	9.13
Mit Bussen, Straßenbahnen, U-Bahnen usw. fahren	0	1	2	3	4	5	10.1
Fahrkarten aus Automaten kaufen	0	1	2	3	4	5	10.2 bis 10.3
Mitreisende ansprechen	0	1	2	3	4	5	10.4 bis 10.5
Mit Zügen Fernreisen machen	0	1	2	3	4	5	10.6 bis 10.7
Nein sagen, eine Bitte ablehnen	0	1	2	3	4	5	11.1
Konflikte ertragen	0	1	2	3	4	5	11.2 bis 11.5
Verbote aussprechen	0	1	2	3	4	5	11.6 + 11.19-21
Zu einem Termin zu spät kommen	0	1	2	3	4	5	11.7 bis 11.8
Ertragen, dass alle einen ansehen	0	1	2	3	4	5	11.9 bis 11.12
Wünsche abschlagen	0	1	2	3	4	5	11.13 bis 11.15
Eine andere Person kritisieren	0	1	2	3	4	5	11.16 bis 11.18
Einem anderen ins Wort fallen	0	1	2	3	4	5	11.22
Im Restaurant das Essen zurückgehen lassen	0	1	2	3	4	5	11.23

Sehr auffallende Kleidung tragen	0	1	2	3	4	5	**12.1 bis 12.3**
In der Disco tanzen	0	1	2	3	4	5	**12.4**
In der Öffentlichkeit etwas Peinliches tun	0	1	2	3	4	5	**12.5 bis 12.11**
In der Öffentlichkeit singen	0	1	2	3	4	5	**12.12 bis 12.16**

Nun ordnen Sie diesen Fragebogen nach Ihren Antworten. Alle Verhaltensweisen, bei denen Sie den Wert Null angekreuzt haben, müssen uns nicht weiter interessieren. Das können Sie ja schon. Das sind Ihre Ressourcen, d. h. die Lebensareale, in denen Sie bereits über gute Fähigkeiten verfügen.

Als Erstes wenden wir uns nun den Fragen zu, bei denen Sie eine „1" angekreuzt haben. Am besten schreiben Sie diese Bereiche hier in den linken Teil der Tabelle noch einmal heraus (möglicherweise sind hier weniger oder mehr Zeilen als Sie brauchen. Falls es zu wenige sind, schreiben Sie die Tabelle auf einem separaten Zettel nochmals ab). Die rechte Spalte (Schwierigkeit) bleibt noch leer.

Lebensbereiche, in denen ich zur Zeit nur ein mulmiges Gefühl habe:	Schwierigkeit

In die rechte Spalte („Schwierigkeit") schreiben Sie nun eine „1" für die Aufgabe, die Sie sich hiervon am ehesten zutrauen, eine „2" für den Bereich, der Ihnen etwas schwerer fällt, eine „3" für den nächstschweren, bis zur höchsten Zahl für die Aufgabe, die in dieser ersten Rubrik am schwierigsten für Sie ist.

Suchen Sie nun das entsprechende Übungskapitel heraus, um diese Fähigkeit zu trainieren.

Sobald Sie alle Aufgabenbereiche beherrschen, in denen Sie in der ursprünglichen Liste eine „1" vergeben haben, geht der nächste Schritt zu allen Bereichen, die Sie mit einer „2" versehen haben. Um Platz zu sparen, ist dafür hier in diesem Buch keine Tabelle mehr abgedruckt. Benutzen Sie ein leeres A4-Blatt, um auch diese Bereiche hierarchisch zu ordnen und trainieren Sie wieder so lange, bis Sie auch die Aufgaben aus diesem Bereich Ihres Lebens beherrschen. Dann kommen alle „3", dann die „4" und vielleicht schaffen Sie nun sogar die mit einer „5" eingestuften Aufgaben auch noch?

„Take your time", sagt der Engländer. Nehme Sie sich dafür alle Zeit dieser Welt. Es kann schnell gehen, es kann aber auch ein Jahr und länger dauern, bis Sie sich durch die Übungen gebissen haben.

Oft kippt die Angst im Verlauf der Übungen wie eine Reihe von Dominosteinen einfach um. Es kann gut sein, dass Sie, wenn Sie die mit „1" eingestuften Aufgaben alle abgearbeitet haben, merken, dass Sie auch schon Übungen aus der Reihe „2" und „3" können. Soziale Fertigkeiten sind nicht unabhängig voneinander. Oft, wenn man einen Bereich nicht beherrscht, hat man auch Angst vor ähnlichen Aufgaben. Beherrscht man aber diese Fähigkeit, dann verschwindet auch die Angst vor den benachbarten Gebieten.

Ängste kippen oft wie eine umstürzende Reihe von Dominosteinen: Wird man eine Angst los, kippen auch benachbarte Befürchtungen einfach weg!

 GANZ WICHTIG: BEWEGUNG!

Das regelmäßige Training der progressiven Muskelentspannung ist eine Möglichkeit, sich bewusst selbst herunterzufahren, wenn man zu nervös, zu gestresst oder zu überdreht ist. Manchmal gelingt es einem aber einfach nicht, sich in die Entspannung fallenzulassen. Was dann?

Wie bereits weiter oben in diesem Buch erklärt wurde, ist unser Körper, wenn wir Angst haben, biologisch auf die *Fight-or-Flight*-Situation vorbereitet., d. h. er erwartet aufgrund eines Jahrmillionen alten genetisch festgelegten Programms, dass er gleich kämpfen oder fliehen muss, um unser kleines Leben zu retten. Hierzu beginnt z. B. das Herz schneller zu schlagen, damit Muskeln besser durchblutet werden, außerdem wird die Atmung tiefer, um den Organismus mit mehr Sauerstoff zu versorgen. In vielen Situationen, in denen wir heute Angst haben (z. B. vor einer Prüfung) nützt dieses biologische Programm nicht nur nichts, sondern es ist eher hinderlich. Das Herzrasen verstärkt die Angst, durch zu schnelles und zu tiefes Atmen ohne Anstrengung kommt es zu Hyperventilation mit der Folge, dass einem schwindelig wird. Beides verstärkt die Angst noch mehr.

Aus diesem unguten Kreislauf herauszukommen ist im Grunde genommen ganz einfach. Tun Sie, wozu Ihre Biologie Sie zwingt:

BEWEGEN SIE SICH!!!

Angstzustände lassen nach, je mehr wir uns bewegen. Schon das Auf- und Abgehen vor einem Prüfungsraum mindert die psychische Angst und auch die physiologischen Begleiterscheinungen. Wenn Sie oft unter starker Grundangst leiden, kann man mit sportlicher Betätigung viel von der inneren Unruhe abbauen. Wenn Sie, je nach Kondition, 5 km spazierengegangen sind, 10 km gejoggt oder 20 km Fahrrad gefahren sind, hat der Körper überschüssige Energie weitgehend abgebaut und damit auch keinen Grund mehr, eine unterschwellige Nervosität aufzubauen.

Es muss nicht immer die Mucki-Bude sein, um überschüssiges Adrenalin abzubauen. Gartenarbeit hilft auch!

Sportliche Betätigung bringt aber noch weiteren Gewinn. Für alle Lebewesen ist es nützlich, sich zu bewegen. Je mehr ein Lebewesen sich bewegt, umso größer ist seine Chance Nahrungsmittel oder einen Geschlechtspartner zu finden. Daher belohnt unser Gehirn uns für Motorik. Es schüttet bei Bewegung körpereigene Glücksbotenstoffe aus. Wer Sport treibt, wird also ein wenig glücklicher sein als seine unsportlichen Zeitgenossen. In Extremfällen kann Sport ja sogar zu Zuständen wie dem *„Runner's High"* führen, ein drogenähnliches Hochgefühl, das z. B. bei Marathonläufern auftritt.

(Zuviel Sport kann natürlich gegenteilige Effekte haben. Wer seinen Körper überlastet und ständig Muskelkater und Rückenschmerzen hat, verstärkt Depressionen eher. Die große Kunst im Leben ist wohl immer, das gesunde Mittelmaß zu finden.)

Welche Sportarten würden Ihnen liegen? Schreiben Sie diese einmal hier auf (falls Ihnen nichts einfällt, weiter unten finden Sie eine Liste mit Vorschlägen):

_____

_____

_____

_____

_____

Wie und wann können Sie Sport in Ihr Leben einbauen? Wann sind regelmäßige Termine möglich?

Mo	Die	Mi	Do	Fr	Sa	So
Morgens	Morgens	Morgens	Morgens	Morgens	Morgens	Morgens
Vor-mittags	Vor-mittags	Vor-mittags	Vor-mittags	Vor-mittags	Vor-mittags	Vor-mittags
Mittags	Mittags	Mittags	Mittags	Mittags	Mittags	Mittags
Nach-mittags	Nach-mittags	Nach-mittags	Nachmit-tags	Nach-mittags	Nach-mittags	Nach-mittags
Abends	Abends	Abends	Abends	Abends	Abends	Abends

Aikido	Golf	Rugby
Akrobatik	Handball	Schwimmen
Alpinistik	Hockey	Segeln
American Football	Jagdschießen	Skibobsport
Badminton	Jiu-Jitsu	Skilauf
Baseball	Jogging	Squash
Basketball	Judo	Taekwondo
Biathlon	Karate	Tanzsport
Billard	Kegeln	Tauchsport
Bogenschießen	Kickboxen	Tennis
Bowling	Klettern	Tischtennis
Boxen	Kraftdreikampf	Trampolinspringen
Cheer-Dance	Leichtathletik	Triathlon
Eishockey	Minigolf	Turnen
Eislaufen	Orientierungslauf	Unterwasserrugby
Eisschießen	Paddelsport	Volleyball
Faustball	Radsport	Walking
Frisbee	Reiten	Wasserball
Fünfkampf	Ringen	Wasserskilauf
Fußball	Rodeln	
Gewichtheben	Rudern	

WIE SEHE ICH EIGENTLICH AUS?

„Durch dieses Leben gehen wir lächelnd – oder gar nicht" besagt eine chinesische Weisheit. Denken Sie dabei auch an die Studien, die am Anfang dieses Buches geschildert wurden. Wenn wir lächeln, „glaubt" unser Gehirn, dass etwas Lustiges passiert ist und reagiert mit einem kleinen Quäntchen Fröhlichkeit darauf. Außerdem kommen glücklich wirkende Menschen besser im sozialen Umfeld an, gewinnen mehr Freunde und sind besser

in ein soziales Netz eingewoben. Man kann Ängste also auch dadurch besiegen, indem man einfach versucht, so oft wie möglich zu lächeln.

Bitte stellen oder setzen Sie sich in einer stillen Stunde einmal vor einen Spiegel. Beobachten Sie Ihren Gesichtsausdruck und stellen Sie sich vor, eine andere Person würde Sie das erste Mal sehen.

Was würde diese Person über Sie denken?

_____

_____

_____

_____

_____

Wie wirken Sie, wenn Sie ein entspanntes Gesicht machen (d. h. z. B. nicht bewusst lächeln)?

_____

_____

Schauen Sie nun einmal böse. Wie wirkt das? Sieht man Ihnen Ihre Wut an?

_____

_____

Schauen Sie nun traurig. Wie wirkt das? Sieht man Ihnen an, dass Sie traurig sind?

_____

_____

Machen Sie nun das Gesicht, das Sie machen, wenn Sie angestrengt arbeiten. Wie sieht das aus? Wie wirkt dieser Gesichtsausdruck auf andere?

_____

_____

Wie sieht Ihr Gesicht aus, wenn Sie lächeln? Sieht man Ihnen an, dass Sie gerade froh sind?

_____

_____

Welcher Gesichtsausdruck steht Ihnen am besten? Arbeiten Sie einmal vor einem Spiegel mit Ihrer Mimik und prüfen Sie, was wohl bei anderen Menschen am besten ankommt.

WIE KANN ICH MICH SELBST AM BESTEN ZERMÜRBEN?

Eine erste Anleitung, um möglichst professionell unglücklich zu sein, gab 1983 der österreichisch-amerikanische Psychologe Paul Watzlawick heraus (*„The Pursuit of Unhappiness"*).

Morgens, wenn wir erwachen, setzt sich unsere Denkmaschinerie in Bewegung, und wir erklären uns dann bis zum Schlafengehen diese Welt. Menschen nehmen ihre Umgebung aber nicht so wahr wie sie wirklich ist, sondern bestimmend für unser Verhalten ist immer was wir über uns und andere denken. Eine Person, die ständig mit destruktiven Gedanken herumläuft (*„Ich kann das nicht alleine!"*) wird sich auch ängstlich verhalten und dann die entsprechende Rückmeldung der Umwelt ernten, die mit einem solchen Angsthasen oft nicht viel zu tun haben mag. Dadurch, dass andere sich dann abwenden, sieht man seine Vorurteile bestätigt und steigert sich noch mehr in negative Vorstellungen hinein (*„self fullfilling prophecy"*). Hierbei gibt es nach Ansicht der Kommunikationstheoretiker einige typische Denkfehler. Prüfen Sie einmal, welchen dieser falschen Denkweisen Sie gerne in die Falle gehen:

Willkürliche Schlussfolgerungen: Ohne sichtbaren Beweis oder sogar trotz Gegenbeweisen werden willkürlich Schlussfolgerungen gezogen: *„Der Lehrer hat mich nicht drangenommen als ich mich gemeldet habe; er hat was gegen mich!"*

Übergeneralisierung: Aufgrund eines einzelnen Vorfalls wird eine allgemeine Regel aufgestellt, die unterschiedslos auf ähnliche und unähnliche Situationen angewendet wird. Ihnen ist einmal beim Busfahren übel geworden und deswegen erscheint es Ihnen ganz sicher, dass das beim nächsten Mal wieder passieren wird?

Dichotomes Denken (Schwarz/weiß-Denken): Denken in Alles oder Nichts-Kategorien: *„Eigentlich habe ich ja gedacht, mit Kurt komme ich ganz gut klar und fand ihn recht sympathisch, aber heute Morgen hat er mich nicht gegrüßt. Der kann mich mal, mit dem will ich echt nichts mehr zu tun haben!"*

Personalisierung: Ereignisse werden ohne klaren Grund auf sich selbst bezogen. Beispiel: *„Clara redet schon die ganze Pause mit ihrer Freundin, bestimmt erzählt sie etwas Negatives über mich!"*

Selektive Abstraktion: Einige Einzelinformationen werden verwendet und überbetont, um eine Situation zu interpretieren. Damit werden bestimmte Informationen auf Kosten anderer überbewertet: *„Auf der Straße lief heute einige Zeit ein unbekannter Mann hinter mir; bestimmt will er mich ausspionieren und in den kommenden Tagen überfallen."*

Maximieren und **Minimieren**: Negative Ereignisse werden übertrieben und positive Ereignisse untertrieben. Zum Beispiel: *„Dass ich mit dem Auto zur Arbeit fahren kann, ist nichts wert, das kann ja jeder. Aber dass ich Panik bekomme, wenn ich mit dem Bus zur Arbeit fahren soll, zeigt ja, was für ein verkorkster Mensch ich bin."*

Katastrophisieren: Das Eintreffen oder die Bedeutung von negativen Ereignissen wird stark überbewertet. *„Ich habe so einen komischen Fleck auf der Haut; bestimmt ist es Krebs!"*

Emotionale Beweisführung: Das Gefühl wird als Beweis für die Richtigkeit der Gedanken genommen. *„Ich fühle mich in diesem Urlaubsort irgendwie unwohl; bestimmt will das Schicksal nicht, dass ich mich hier aufhalte, es wird etwas Furchtbares passieren."*

Etikettierung: Aus einer Handlung wird ein umfassender Sachverhalt gemacht, z. B. *„Ich habe es nicht geschafft, das Fahrrad zu reparieren. Sämtliche handwerklichen Arbeiten sind einfach nichts für mich!".*

Gedankenlesen: Man meint ohne nachzufragen, die Gedanken der anderen zu kennen. *„Irgendwie schaffe ich es nicht, Kontakte in der neuen Klasse zu knüpfen, ich glaube die halten mich alle für einen Volltrottel und wollen nichts mit mir zu tun haben."*

Tunnelblick (selektive Aufmerksamkeit): Jemand sieht nur einen bestimmten Aspekt seines gegenwärtigen Lebens. *„Mein Partner hat mich verlassen; damit ist mein ganzes Leben sinnlos geworden. Was für einen Zweck soll das denn noch haben?"*

Die Therapie des kognitiven Umstrukturierens bemüht sich, solche destruktiven Vorstellungen aufzudecken und durch positive zu ersetzen. Negative, belastende Gedankengänge und Grübeleien setzen den Körper unter Stress und sind dadurch an der Entstehung vieler psychosomatischer Erkrankungen beteiligt. Da man nicht aufhören kann etwas zu denken, ist es nicht möglich, solche belastenden, negativen Gedankengänge einfach aus dem Kopf zu blasen. Die einzige Möglichkeit sie loszuwerden ist, stattdessen etwas Positives zu denken. Hier einige Beispiele:

Negativ-belastend:	Stattdessen positiv-aufbauend:
Die ganzen Übungen in diesem Buch schaffe ich nie.	*Immer ein Schritt nach dem anderen. Wird schon werden.*
Ich bin ein Versager!	*Ich habe schon viel geschafft in meinem Leben.*
Das macht mir jetzt totale Panik.	*Ich werde ruhig bleiben.*
Das endet in einer Katastrophe.	*Ich werde mich anstrengen und werde es schaffen, dass alles gutgeht.*
Ich hab keine Ahnung und werde bestimmt durch die Prüfung fallen.	*Ich habe gelernt. Wird schon werden. Hauptsache bestehen.*

Bitte versuchen Sie nun selbst einmal, folgende destruktive Gedankengänge durch positive zu ersetzen:

Bestimmt wird mein Zug Verspätung haben und ich werde den Anschluss verpassen.	
Vor dem Vortrag habe ich wahnsinnige Angst. Ich werde mich blamieren.	
Ich bin mir ganz sicher, dass wieder etwas mit der Hotelbuchung nicht geklappt hat. Was dann?	
Mein Chef will mich sprechen, mit Sicherheit habe ich wieder etwas falsch gemacht!	
Ich kann mein Smartphone nicht finden. Oh je! Ich bin sicher, es ist mir in der U-Bahn aus der Tasche gefallen.	
Bestimmt werde ich auf der Party wieder mal alleine rumstehen und niemand wird mich ansprechen.	

Auf dem Meeting werde ich mal wieder kein Wort herausbekommen.	
Ich halte die Angst nicht mehr aus.	
Wahrscheinlich werde ich ohnmächtig, wenn ich da jetzt hingehe. Oh je, wie peinlich.	
Alle Leute werden mich anstarren, wenn ich bei der Übung anfange zu zittern.	
Alle werden mich auslachen, weil ich bestimmt rot werde.	
Niemand wird mit mir reden, wenn ich Leute anspreche.	
Ich solle alleine auf ein Amt? Das schaffe ich nie.	
Mit Sicherheit werde ich den Bus verpassen und zu spät zum Termin kommen.	
Egal wie ich's mache, bestimmt meckert mein Chef wieder mit mir.	
Nee, das kann ich sowieso nicht. Zwecklos, brauch' ich gar nicht erst zu versuchen.	

Andere Menschen mögen mich nicht; irgendwie ecke ich immer wieder an und finde keine Freunde.	
Mein Auto klappert so komisch, ich hab furchtbare Angst, unterwegs liegenzubleiben.	

Nach dieser Trockenübung sollen Sie hier nun einmal Ihre eigenen negativen, belastenden und destruktiven Gedanken notieren. Welche typischen Gedankengänge fallen Ihnen ein, die Sie in der Vergangenheit gehabt haben, die eigentlich unnütz waren und Sie nur behindern?

Alte negative, belastende Gedanken	Neue positiv-aufbauende Gedanken

Bei der folgenden Übung sollen Sie hier nun einmal Tag für Tag Ihre eigenen negativen, belastenden und destruktiven Gedanken notieren. Was haben Sie an einem Tag gedacht, was Sie eigentlich in der Erreichung Ihrer Ziele nur behindert, Ihre Angst noch verstärkt und Ihnen die Energie geraubt hat? Notieren Sie in den nächsten Tagen täglich mindestens drei solcher dummen Gedanken, die spontan aufgetreten sind und schreiben Sie dann den positiven Gedanken dazu, den Sie stattdessen gedacht haben, damit es klappt. Aus Platzgründen ist hier nur eine beispielhafte Tabelle für den ersten Tag abgedruckt. Vielleicht besorgen Sie sich dafür ein kleines Vokabel- oder Aufgabenheft wie Schüler es haben und benutzen es zum Protokollieren Ihrer negativen Gedanken.

TAG: _____

Negativ-belastender Gedanke	Alternativer positiv-aufbauender Gedanke

ÜBUNGSTEIL

Jeder, der dieses Buch liest, möchte schnell Fortschritte machen und seine Angst lieber heute als morgen loswerden. Aber: Wie lange brauchen Sie, um eine Fremdsprache zu lernen?

Das weiß ich nicht, werden Sie sagen, das hängt ja davon ab, wie oft ich Vokabeln auswendig lerne, einmal am Tag? Einmal pro Woche? Mehrmals am Tag? Mit dem Training sozialer Fähigkeiten ist das genauso: Je öfter Sie eine Übung machen, ggf. sogar möglichst mehrfach am Tag, umso eher können Sie das! Je seltener Sie üben, je öfter Sie in altes Vermeidungsverhalten zurückfallen, umso länger wird es dauern.

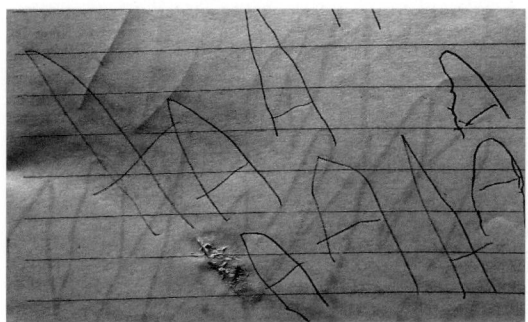

Lesen und Schreiben lernt ein Kind auch nicht in einer Woche. Geben Sie sich Zeit, um neue soziale Fähigkeiten zu erlernen.

Im Folgenden beginnt nun Ihr Übungsteil. Er ist sortiert nach mehreren Rubriken:

- Blickkontakt
- Kontaktaufnahme
- Small Talk
- Freunde gewinnen
- Partnersuche
- Frei sprechen

- Menschenmassen
- Einkaufen
- Öffentliche Verkehrsmittel
- Konflikte ertragen
- Im Mittelpunkt stehen

Jede einzelne Übungsreihe muss unbedingt mit sehr leichten Aufgaben beginnen, die Sie meistern können. Die Übungen sollten dann langsam immer schwieriger werden. Wie bereits erwähnt, können Sie zunächst die leichten aus mehreren Rubriken abarbeiten. Sie können aber auch eine Rubrik ganz bearbeiten und sich dann der nächsten zuwenden.

Es ist wichtig, die einzelnen Übungen systematisch zu machen und zu protokollieren. Eigentlich gehört zu jeder Aufgabe ein solches Protokollblatt. Aus Platzgründen wird hier weiter unten nur ein solcher Bogen beispielhaft abgedruckt. Bitte kopieren Sie sich diese Seite oder erstellen Sie sich diese Tabelle selbst in ausreichender Anzahl (z. B. am PC).

In jede Tabelle sollen Sie eintragen:

Das Datum, wann Sie die Übung durchgeführt haben und den Ort, wo Sie geübt haben. Protokollieren Sie jeweils das Ausmaß Ihrer Angst auf einer Skala von 0 (keine Angst) bis 10 (maximale Angst) und protokollieren Sie außerdem wie stolz Sie hinterher waren, diese Aufgabe geschafft zu haben; gleichfalls auf einer Skala von 0 (kein Stolz) bis 10 (sehr stolz).

Die Beispiel-Tabelle auf Seite 107 hat 7 Zeilen, das soll nicht bedeuten, dass Sie genau 7-mal üben müssen, bis Sie diese Angst lossind. Manchmal müssen Sie eine Verhaltensweise nur 3x üben und merken dann, dass es angstfrei geht, manchmal müssen Sie aber auch 30x üben, bis die Nervosität langsam verdunstet. Daher ist die Tabelle nur ein grober Anhaltspunkt.

Ein wichtiger Tipp noch, bevor Sie loslegen: Sie werden nicht gleich das Gefühl haben, dass die Angst weniger wird. Die bockige Ziege wehrt sich nämlich! Gerade am Anfang kann es passieren, dass Sie das Gefühl haben, dass Ihre Angst bei manchen Übungen eher noch mehr wird. Hier gilt der simple Grundsatz:

**WENN ES NICHT GLEICH KLAPPT:
EINFACH STUR WEITERMACHEN!
NUR SO BESIEGEN SIE IHRE ANGST.**

Was nun über kurz oder lang passieren wird, kann ich Ihnen auch gleich verraten: Sie werden eine Übungsaufgabe lesen, sich am Kopf kratzen und denken: *„Nee, das mach' ich nicht. Das ist mir zu doof!"*

Und dann machen Sie das auch nicht, weil Ihnen das zu doof ist. Damit haben Sie die Chance vertan, aus dem Sumpf Ihrer Befürchtungen herauszukommen.

Bleiben Sie stur wie dieser Büffel, wenn's mal nicht gleicht klappt! Einfach weitermachen!

Wer da zu Ihnen spricht und diesen Satz sagt *„Nee, das mach' ich nicht. Das ist mir zu doof!"*, das ist nämlich die Meckerziege, das ist nicht Ihr rationaler Verstand, sondern das ist einfach die Angst, der es gar nicht gefällt, die Macht über Ihr Verhalten zu verlieren. Also bläst Sie Ihnen den Satz in den Kopf: *„Nee, das mach' ich nicht. Das ist mir zu doof!"*

Übung-Nr.: _____ wurde durchgeführt am: _____

am:	wo:	Mein Ausmaß der Angst:	Stolz, das geschafft zu haben
		0−1−2−3−4−5−6−7−8−9−10	0−1−2−3−4−5−6−7−8−9−10
		0−1−2−3−4−5−6−7−8−9−10	0−1−2−3−4−5−6−7−8−9−10
		0−1−2−3−4−5−6−7−8−9−10	0−1−2−3−4−5−6−7−8−9−10
		0−1−2−3−4−5−6−7−8−9−10	0−1−2−3−4−5−6−7−8−9−10
		0−1−2−3−4−5−6−7−8−9−10	0−1−2−3−4−5−6−7−8−9−10
		0−1−2−3−4−5−6−7−8−9−10	0−1−2−3−4−5−6−7−8−9−10
		0−1−2−3−4−5−6−7−8−9−10	0−1−2−3−4−5−6−7−8−9−10

Wetten, dass das auftreten wird? In diesem Stadium angekommen, müssen Sie erkennen, dass es sich hierbei einfach wieder nur um Vermeidungsverhalten handelt. Vermeidungsverhalten ist aber die Basis jeder Entwicklung von neurotischem Verhalten. Situationen vermieden zu haben, das hat Sie genau an den Punkt gebracht, an dem Sie angekommen waren, als Sie sich entschlossen haben, dieses Buch zu erwerben. Sie wollen doch da raus? Oder nicht? Also kämpfen wir weiter gegen Ihre Angst, auch wenn die Übung mal doof sein sollte.

UMGANG MIT MISSERFOLGEN

Diese Zeilen hier schreibe ich gerade am frühen Morgen in einem Gästehaus in Lissabon, wo ich gestern angekommen bin. Heute haben wir ein Treffen für eine internationale Kommissionssitzung. Gestern, im Flughafen Lissabon, hatte ich erstaunlich gut die Metrostation gefunden und mir an einem Schalter ein Ticket für die U-Bahn erworben. Ich war sehr stolz auf mich. Dummerweise habe ich an der Metrostation Saldanha offenbar den falschen Ausgang genommen und mich im Straßengewirr der Innenstadt völlig verirrt. Dezent verunsichert hat mich zu diesem Zeitpunkt, dass Google-Maps auf meinem Smartphone sich ohne Internet-Verbindung vehement weigerte, mir einen Stadtplan der portugiesischen Hauptstadt anzuzeigen, was ein leichtes Gefühl absoluter Hilflosigkeit erzeugte. Irgendwann musste ich jemanden fragen. Da mein Portugiesisch äußerst entwicklungsbedürftig ist, natürlich auf Englisch. Das führte dazu, dass die ersten drei Passanten mich keines Blickes würdigten und einfach weitermarschierten. Wie frustrierend. Erst der vierte Fußgänger, ein junger Student, war so freundlich, mir die Richtung in meine Unterkunft zu zeigen.

Kirche Sao Francisco de Paula in Lissabon im Oktober 2018. Nachdem ich nur mit Mühe mein Hotel gefunden hatte, habe ich mich erstaunlicherweise danach nicht ein einziges Mal mehr in der Stadt verirrt.

Bevor Sie die erste Übung starten, daher noch ein paar Ratschläge zum Umgang mit Misserfolgen. Bei vielen der folgenden Übungen müssen Sie irgendwo da draußen in der freien Wildbahn menschlicher Klein- oder Großstädte mit Personen in Kontakt treten, und es kann niemals vorausgesagt werden, ob und was dabei schiefgehen kann. Leider sind erfahrungsgemäß nicht alle Menschen nett und hilfsbereit.

Wenn eine Übung einmal gar nicht klappt, dann befolgen Sie bitte folgende Ratschläge:

1. Misserfolge bei diesen Übungen stellen eine prima Möglichkeit dar zu lernen, wie man mit realen Konflikten im persönlichen Leben klarkommen kann.

2. Analysieren Sie, warum es nicht geklappt hat.

3. Lag es an Ihnen? Was können Sie beim nächsten Mal besser machen?

4. Lag es an anderen Menschen? Hätten Sie in diesem Fall den Misserfolg überhaupt verhindern können?

5. Was können Sie daraus lernen?

6. Haken Sie solche negativen Erlebnisse gedanklich ab. Es ist nicht mehr zu ändern, Sie haben etwas daraus gelernt. Sie werden es beim nächsten Mal besser machen. Bitte denken Sie nicht endlos darüber nach.

7. Wiederholen Sie gerade die Übung, bei der Sie einen Misserfolg hatten stur so lange, bis es klappt.

8. Bei einigen Übungen kann es sinnvoll sein, sie zunächst mit einer gut bekannten Person zu üben, bevor Sie es irgendwo in der Stadt ausprobieren. Bitte entscheiden Sie selbst, ob Sie eine solche „Trockenübung" mit ihrem Partner, ihren Eltern oder ihrem besten Freund brauchen, bevor Sie es in der Öffentlichkeit probieren.

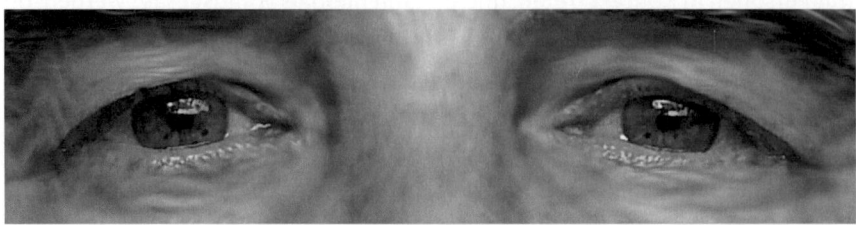

● **1.1. Aufgabe:** Wenn Sie Probleme haben, andere Menschen beim Gespräch anzusehen, dann üben Sie zunächst am Fernsehgerät zu Hause. Blicken Sie den Schauspielern oder Nachrichten-Moderatoren in die Augen. Stellen Sie sich dabei vor, das sei ein realer Gesprächspartner.

☐ Aufgabe zu leicht

☐ Aufgabe wurde ____ -mal trainiert

☐ Verhalten wird weitgehend angstfrei beherrscht

● **1.2. Aufgabe:** Begeben Sie sich auf die Straße (U-Bahn, Bus, Einkaufszentrum) und sehen Sie einige wildfremde Personen an. Versuchen Sie das möglichst lange auszuhalten, bevor Sie wegschauen.

☐ Aufgabe zu leicht   ☐ ____ -mal trainiert   ☐ Verhalten fast angstfrei

● **1.3. Aufgabe:** Suchen Sie eine Möglichkeit auf, mit einer gut bekannten Person ein Gespräch zu führen. Blicken Sie dabei die meiste Zeit auf den Mund dieser Person, lassen sie ihre Blicke möglichst wenig im Raum umherschweifen.

☐ Aufgabe zu leicht   ☐ ____ -mal trainiert   ☐ Verhalten fast angstfrei

● **1.4. Aufgabe:** Wiederholen Sie die letzte Übung mit einer wenig bekannten Person, z. B. einem Nachbarn, Kollegen, Kommilitonen, den Sie nur flüchtig kennen.

☐ Aufgabe zu leicht   ☐ ____ -mal trainiert   ☐ Verhalten fast angstfrei

● **1.5. Aufgabe:** Suchen Sie eine Möglichkeit auf, mit einer gut bekannten Person ein Gespräch zu führen. Achten Sie dabei auf die Pupille. Prägen Sie sich die Augenfarbe ein. Betreiben Sie Irisdiagnose. Hat die Person z. B. Flecken in der Iris? Unregelmäßigkeiten? Wie groß oder klein ist die Pupille? (Blicken Sie dem Gesprächspartner aber nicht gleich allzu starr in die Augen [das kann leicht fehlgedeutet werden], lassen Sie den Blick hin und wieder im Raum herum schweifen, kehren Sie dann aber zu Ihrer Irisdiagnose zurück.)

☐ Aufgabe zu leicht   ☐ ___ -mal trainiert   ☐ Verhalten fast angstfrei

● **1.6. Aufgabe:** Wiederholen Sie die letzte Übung mit einer wenig bekannten Person.

☐ Aufgabe zu leicht   ☐ ___ -mal trainiert   ☐ Verhalten fast angstfrei

● **1.7. Aufgabe:** Suchen Sie eine Möglichkeit auf, mit einer gut bekannten Person ein Gespräch zu führen. Achten Sie dabei die meiste Zeit auf die Mimik dieser Person, lassen Sie Ihre Blicke möglichst wenig im Raum umherschweifen. Welchen Gesichtsausdruck hat die Person in Abhängigkeit vom Gesprächsinhalt?

☐ Aufgabe zu leicht   ☐ ___ -mal trainiert   ☐ Verhalten fast angstfrei

● **1.8. Aufgabe:** Wiederholen Sie die letzte Übung mit einer wenig bekannten Person.

☐ Aufgabe zu leicht   ☐ ___ -mal trainiert   ☐ Verhalten fast angstfrei

● **1.9. Aufgabe:** Gehen Sie an einen belebten Platz (z. B. Einkaufstraße in der Innenstadt). Schlendern Sie dort herum und blicken Sie möglichst vielen entgegenkommenden Passanten ins Gesicht. Lächeln Sie, falls die Entgegenkommenden Ihren Blick erwidern. Versuchen Sie den Blick nicht sofort abzuwenden.

☐ Aufgabe zu leicht   ☐ ___ -mal trainiert   ☐ Verhalten fast angstfrei

● **1.10. Aufgabe:** Wenn Sie Probleme haben, anderen Menschen in die Augen zu sehen, dann begeben Sie sich an einen Ort, an dem Personen längere Zeit warten (Bahnhof, Arzt-Wartezimmer, Bus, S-Bahn, U-Bahn, Zug). Suchen Sie sich ein „Opfer". Blicken Sie diese Person möglichst lange Zeit an. Die meisten Personen merken es erstaunlicherweise irgendwann, wenn sie angeschaut werden. Wenn die beobachtete Person Sie auch anblickt, dann lächeln Sie und halten den Blickkontakt. Zählen Sie innerlich die Sekunden, wie lange Sie es schaffen, den Blickkontakt zu halten.

☐ Aufgabe zu leicht   ☐ ___ -mal trainiert   ☐ Verhalten fast angstfrei

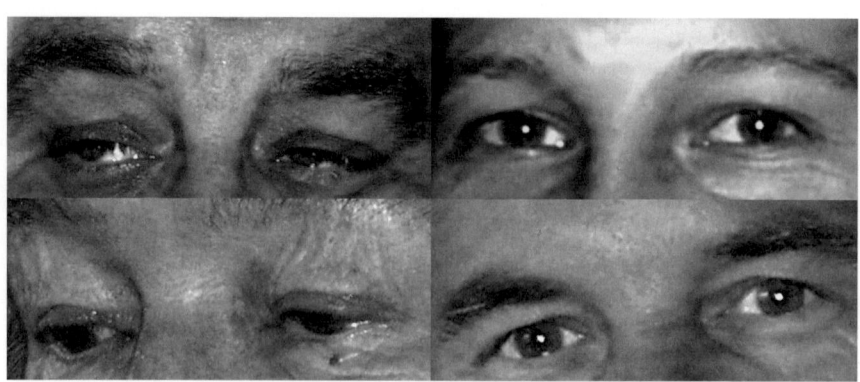

2. ÜBUNG: KONTAKTAUFNAHME

● **2.1. Aufgabe:** Begeben Sie sich auf eine Straße und lächeln Sie einfach mal fremde Personen an, die in einem Auto, Bus, einer Straßenbahn usw. an Ihnen vorbeifahren. Dabei kann nichts passieren; vermutlich wird niemals jemand anhalten und Sie fragen, warum Sie lächeln.

☐ Aufgabe zu leicht

☐ ____ -mal trainiert

☐ Verhalten fast angstfrei

● **2.2. Aufgabe:** Begeben Sie sich auf eine belebte Straße, z. B. das Einkaufzentrum einer Innenstadt, und lächeln Sie fremde Personen an, die Ihnen entgegenkommen. Falls tatsächlich jemand fragt, dann sagen Sie, dass Sie gerade an etwas Lustiges gedacht haben.

☐ Aufgabe zu leicht   ☐ ____ -mal trainiert   ☐ Verhalten fast angstfrei

● **2.3. Aufgabe:** Sagen Sie Leuten in Ihrer Nachbarschaft (oder in Ihrer Ausbildungs- oder Arbeitsstätte oder an einer Bushaltestelle oder am Bahnsteig), die Sie gar nicht oder nur flüchtig kennen und sonst nicht grüßen, bei der nächsten zufälligen Begegnung freundlich *„Guten Tag"* oder nicken Sie ihnen wenigsten zu und lächeln Sie diese Personen an.

☐ Aufgabe zu leicht   ☐ ____ -mal trainiert   ☐ Verhalten fast angstfrei

● **2.4. Aufgabe:** Tun Sie in ihrem Heimatort (oder einer nahegelegenen Stadt) so, als wären Sie ein ortsunkundiger Tourist. Erkundigen Sie sich in der Öffentlichkeit bei einem Ihnen unbekannten Passanten nach der Goethe-Straße. Suchen Sie sich zum Fragen Personen aus, die „nett" wirken. Oder gehen Sie in ein Geschäft und fragen dort jemanden vom Personal. Alternativ können Sie auch am Bahnhof Leute fragen, wo der Zug nach XYZ abfährt.

☐ Aufgabe zu leicht   ☐ ____ -mal trainiert   ☐ Verhalten fast angstfrei

● **2.5. Aufgabe:** Tun Sie wieder so als wären Sie ortsunkundig. Erkundigen Sie sich in der Öffentlichkeit bei einem Ihnen unbekannten Passanten nach dem „Philosophengang" (oder einer Straße, von der Sie eigentlich wissen, dass sie sehr weit weg ist). **Suchen Sie sich zum Fragen Personen nach einem Zufallssystem aus, d. h. nicht nur solche, die von vornherein nett wirken.** Lassen Sie sich nicht frustrieren, wenn einige einfach weitergehen und keine Zeit oder keine Lust haben, Ihnen zu erklären wo diese Straße ist. Das sollen Sie ja hier gerade lernen, nicht zu früh aufzugeben.

☐ Aufgabe zu leicht   ☐ ____ -mal trainiert   ☐ Verhalten fast angstfrei

● **2.6. Aufgabe:** Tun Sie nochmal so als wären Sie ortsunkundig. Erkundigen Sie sich in der Öffentlichkeit bei einem Ihnen unbekannten Passanten nach einem öffentlichen Gebäude oder einem Platz (Schule, Museum, Amt, Friedhof oder ähnliches), **von dem Sie eigentlich wissen, dass es sehr nahe ist.**

Wenn Sie mögen, können Sie versuchen, sich zum Fragen hier Personen auszusuchen, die von vornherein mürrisch, eher unsympathisch oder schwierig wirken oder solche, die offenkundig keine Zeit haben. Das muss nicht sein (auch der weitgehend angstfreie Mensch spricht solche Personen eher nicht an), aber Sie können hier lernen, mit dem Frust umzugehen, wenn viele dieser Leute einfach weiterrennen. Es ist wichtig zu lernen, auch mit Ablehnung klarzukommen. Gewöhnen Sie sich eine Haltung an, in der Sie über solche Leute einfach ein buddhistisches Lächeln in sich tragen. Es ist ja nur eine Übung, und wenn man es aus der richtigen Warte sieht, kann es sogar Spaß machen, genau die Leute anzusprechen, von denen man schon fast genau ahnt, dass sie eh' keine Zeit haben, Ihnen zu antworten.

☐ Aufgabe zu leicht   ☐ ____ -mal trainiert   ☐ Verhalten fast angstfrei

● **2.7. Aufgabe:** Leute, die Hunde haben, sind oft gelangweilt, wenn sie mit ihrem Hund Gassi gehen müssen. Sagen Sie einem Hundebesitzer, dass Sie seinen Hund toll finden. Fragen Sie, ob der Hund beißt oder gestreichelt werden darf? Wenn der Hundebesitzer es erlaubt, streicheln Sie den Hund. Fragen Sie nach Rasse und Alter des Hundes, nach der Hundesteuer, wie oft man mit dem Tier Gassi gehen muss, was es frisst und ob man mit dem Tier auch verreisen kann.

☐ Aufgabe zu leicht   ☐ ____ -mal trainiert   ☐ Verhalten fast angstfrei

● **2.8. Aufgabe:** Schauen Sie in einen Kinderwagen, sprechen Sie die Mutter des Kindes an, indem sie sagen, was für ein süßes Baby das ist. Stellen Sie dann einige Fragen zu Geschlecht, Namen und Alter des Kindes usw.

☐ Aufgabe zu leicht   ☐ ____ -mal trainiert   ☐ Verhalten fast angstfrei

● **2.9. Aufgabe:** Wechseln Sie beim Bezahlen einige Worte mit einer Kassiererin in einem Geschäft oder im Supermarkt o. ä. Sie können z. B. eine Frage zu einem Produkt stellen, das Sie gerade gekauft haben, mit der Bemerkung anfangen, dass alles immer teurer wird oder fragen Sie, wie lange die Verkäuferin heute noch an der Kasse sitzen muss?

☐ Aufgabe zu leicht   ☐ ____ -mal trainiert   ☐ Verhalten fast angstfrei

● **2.10. Aufgabe:** Rufen Sie bei einer politischen Partei, der Gewerkschaft, einer Hilfsorganisation oder einem Verein an und lassen Sie sich die Ziele, den Aufbau der Organisation, die Kosten einer Mitgliedschaft, Häufigkeit von Versammlungen usw. erklären. Stellen Sie auch kritische Fragen, die Sie sich ggf. vorher schon notiert haben. Enden Sie damit, dass Sie das sehr interessant fanden und es sich überlegen werden, ob Sie beitreten.

☐ Aufgabe zu leicht   ☐ ____ -mal trainiert   ☐ Verhalten fast angstfrei

● **2.11. Aufgabe:** Sprechen Sie beim Warten auf einen Bus (Straßenbahn, U-Bahn, S-Bahn, Zug), einen anderen Wartenden an. Sie können z. B. fragen, ob das Verkehrsmittel meist pünktlich ist oder ob der Bus/Zug wirklich in die gewünschte Richtung fährt, oder was eine Fahrkarte kostet, oder dass Sie sich über die ständigen Verspätungen ärgern.

☐ Aufgabe zu leicht   ☐ ____ -mal trainiert   ☐ Verhalten fast angstfrei

● **2.12. Aufgabe:** Suchen Sie ein volles Restaurant auf, in dem nur noch wenige Plätze frei sind. Schauen Sie, wo jemand alleine an einem Tisch sitzt und fragen Sie, ob Sie sich dazusetzen dürfen. Fragen Sie Ihren Tischnachbarn, ob dieser Ihnen eine Mahlzeit empfehlen kann. Versuchen Sie darauf ein Gespräch aufzubauen.

☐ Aufgabe zu leicht   ☐ ____ -mal trainiert   ☐ Verhalten fast angstfrei

3. ÜBUNG: SMALL TALK

● **3.1. Aufgabe:** Suchen Sie sich aus der aktuellen Tageszeitung drei oder vier interessante Neuigkeiten heraus. Alternativ können Sie sich auch aus einer Nachrichtensendung im Radio oder TV solche News merken oder aus dem Internet oder eigene Erlebnisse berichten. Suchen Sie sich eine Person im Umfeld, die Sie gut kennen. Fragen Sie diese Person: *„Hast Du schon gehört, dass…"* und berichten Sie dieser Person eine dieser Neuigkeiten, die Sie gelesen haben. Fragen Sie die Person, was sie davon hält. Unterhalten Sie sich möglichst lange darüber. Wenn Ihnen und dem Gesprächspartner nichts mehr einfällt, machen Sie dasselbe mit dem zweiten und dann mit dem dritten Thema, dass Sie sich gemerkt haben.

☐ Aufgabe zu leicht

☐ Aufgabe wurde ____ -mal trainiert

☐ Verhalten fast angstfrei

● **3.2. Aufgabe:** Führen Sie dieselbe Übung mit einer Person durch, die Sie nicht so gut kennen. Etwa einem Nachbarn, den Sie nur gelegentlich sprechen, einem Kollegen aus einer anderen Abteilung usw. Wenn Sie vorher geübt haben, wildfremde Menschen auf der Straße anzusprechen, wird Ihnen das nun auch nicht mehr allzu schwerfallen.

☐ Aufgabe zu leicht ☐ ____ -mal trainiert ☐ Verhalten fast angstfrei

● **3.3. Aufgabe:** Sprechen Sie eine Person an, die Sie bislang noch gar nicht kennen. Besonders gut eignen sich Haltestellen oder Bahnhöfe oder Wartezimmer von Ärzten oder Ämtern, wo Menschen warten und Zeit haben. Stellen Sie eine oberflächliche einleitende Frage, wie Sie das in der letzten Übung schon gelernt haben (*„Warten Sie auch auf den Bus?"*, oder: *„Wissen Sie, ob dieser Bus immer pünktlich kommt?"*, oder: *„Diese Busse werden auch immer teurer."* oder: *„Wenn ich es mir leisten könnte, würde ich mit dem Auto fahren."*). Versuchen Sie dann, die Person wie gehabt mit Ihren drei Small-Talk-Themen in ein Gespräch zu verwickeln.

☐ Aufgabe zu leicht ☐ ____ -mal trainiert ☐ Verhalten fast angstfrei

● **3.4. Aufgabe:** Suchen Sie sich zusätzlich zu den drei Small-Talk-Themen, die Sie nun beherrschen, jeden Tag ein weiteres interessantes Thema aus, so dass Sie Ihr Repertoire erweitern. Versuchen Sie, an möglichst vielen Orten Personen in ein kurzes Gespräch zu verwickeln. Versuchen Sie dabei ein Thema aus Ihrem Repertoire zu finden, das der Person und der Situation angepasst ist. Es eignen sich alle Menschen, mit denen Sie Kontakt haben, z. B. Kollegen, Mitschüler, Bekannte, Verwandte, aber auch Verkäufer, Kassiererinnen, Personen auf Behörden, usw.

☐ Aufgabe zu leicht ☐ ____ -mal trainiert ☐ Verhalten fast angstfrei

Gutes Einstiegsthema: Kein Klingelstreich und kein Erster-April-Scherz: Aufgrund der neuen Datenschutzrichtlinien überlegte man tatsächlich die Namen auf den Klingeln an der Haustür abzuschaffen (Lübecker Nachrichten vom 19.10.2018).

● **3.5. Aufgabe:** Für die folgende Übung sollten Sie das Kapitel über das partnerzentrierte Gespräch am Buchende (s. S. 153 ff.) gelesen haben. Üben Sie dann, Menschen durch positive Rückkopplung dazu zu bringen, mehr über sich selbst zu erzählen. Blicken Sie Ihre Gesprächspartner an, nicken Sie bejahend mit dem Kopf, wenn diese etwas erzählen. Sagen Sie hin und wieder *„hmmm!"* oder *„ja!"* oder *„stimmt!"* oder *„genau!"* oder *„Das finde ich auch!"*.

☐ Aufgabe zu leicht ☐ ____ -mal trainiert ☐ Verhalten fast angstfrei

● **3.6. Aufgabe:** Üben Sie, Menschen durch konstruktive Fragen dazu zu bringen, mehr über sich selbst zu erzählen. Blicken Sie Ihre Gesprächspartner an, nicken Sie bejahend mit dem Kopf, wenn diese etwas erzählen. Stellen Sie dann Fragen, zu dem, was Ihr Gesprächspartner gerade erzählt hat, z. B. *„Wie war das genau?"* oder *„Was ist dann passiert?"* oder *„Wie ging es weiter?"* etc.

☐ Aufgabe zu leicht ☐ ____ -mal trainiert ☐ Verhalten fast angstfrei

● **3.7. Aufgabe:** Üben Sie, Menschen durch kontrollierten Dialog („Paraphrasieren") dazu zu bringen, mehr über sich selbst zu erzählen. Blicken Sie Ihre Gesprächspartner an, nicken Sie bejahend mit dem Kopf, wenn diese etwas erzählen. Wiederholen Sie dann in kurzen Sätzen, was diese berichtet haben und fragen Sie nach, ob Sie alles richtig verstanden haben.

☐ Aufgabe zu leicht   ☐ ____ -mal trainiert   ☐ Verhalten fast angstfrei

4. ÜBUNG: FREUNDE GEWINNEN

● **4.1. Aufgabe:** Gehen Sie ins Internet und basteln Sie sich Ihre persönliche Homepage in unterschiedlichen (möglichst kostenfreien!) **Foren für soziale Netzwerke, wie z. B. Facebook, Instagram, Myspace, Stayfriends, Twitter, Wer-kennt-wen, Xing usw.** Die Erstellung einer eigenen Page ist auch für den Laien relativ einfach; man muss zu bestimmten Fragen eigentlich nur seine Daten eintragen und kann, wenn man will, Fotos von sich selbst hochladen. Wenn Sie möchten, kann man das meist unter einem Pseudonym machen, d. h. man muss seinen echten Namen nicht angeben, sondern kann sich einen Nicknamen ausdenken, mit dem man angesprochen werden will. (In manchen Foren ist es allerdings auch gut, wenn man seinen echten Namen angibt, dann wird man vielleicht im Lauf der Zeit von ehemaligen Schulkameraden oder Ex-Arbeitskollegen gefunden.) **Surfen Sie nun auf den Seiten anderer Leute. Hinterlassen Sie dort Anmerkungen, Lob für die Seite oder flotte Sprüche. Nehmen Sie Kontakt auf. Chatten Sie mit den Leuten in Internet-Foren. Bauen Sie diese Kontakte aus.**

☐ Aufgabe zu leicht   ☐ ____ -mal trainiert   ☐ Verhalten fast angstfrei

● **4.2. Aufgabe: Loben Sie eine andere Person in Ihrer Umgebung (Familie, Ausbildungs- oder Arbeitsstätte) für etwas, was diese Person gemacht hat.**

☐ Aufgabe zu leicht   ☐ ____ -mal trainiert   ☐ Verhalten fast angstfrei

● **4.3. Aufgabe: Loben Sie in einem Restaurant (Schnellimbiss, Café usw.) das Essen und die Bedienung für ihre Aufmerksamkeit oder Freundlichkeit oder Schnelligkeit. Sagen Sie etwas Nettes!**

☐ Aufgabe zu leicht   ☐ ____ -mal trainiert   ☐ Verhalten fast angstfrei

● **4.4. Aufgabe: Machen Sie einer gleichgeschlechtlichen Person, die Sie gut kennen, ein Kompliment. Sagen Sie dieser Person, dass sie gut gekleidet ist oder attraktiv aussieht. Oder fragen Sie, ob er/sie abgenommen hat? Oder sagen Sie, dass die neue Frisur chic aussieht.**

☐ Aufgabe zu leicht   ☐ ____ -mal trainiert   ☐ Verhalten fast angstfrei

● **4.5. Aufgabe:** Machen Sie einer gegengeschlechtlichen Person, die Sie gut kennen, ein Kompliment. Sagen Sie dieser Person, dass sie gut gekleidet ist oder attraktiv aussieht. Oder fragen Sie, ob er/sie abgenommen hat? Oder weisen Sie darauf hin, dass die neue Frisur chic aussieht.

☐ Aufgabe zu leicht   ☐ ____ -mal trainiert   ☐ Verhalten fast angstfrei

● **4.6. Aufgabe:** Machen Sie dasselbe wie in der letzten Aufgabe, nun aber mit einer gegengeschlechtlichen Person, die Sie nur oberflächlich kennen.

☐ Aufgabe zu leicht   ☐ ____ -mal trainiert   ☐ Verhalten fast angstfrei

● **4.7. Aufgabe:** Schenken Sie jemandem etwas, das Sie entbehren können. Schenken Sie diesen Gegenstand, z. B. ein Buch, eine Musik-CD, ein Haushaltsgerät, ein fast neues Kleidungsstück, einen Kugelschreiber o. ä. gezielt einer Person, von der Sie glauben, dass diese es benötigen könnte. Verschenken Sie aber nichts wirklich Teures, denn nur kleine Geschenke erhalten die Freundschaft.

☐ Aufgabe zu leicht   ☐ ____ -mal trainiert   ☐ Verhalten fast angstfrei

● **4.8. Aufgabe:** Bieten Sie einer Person Ihre Hilfe an.

(Möglichkeiten sind z. B. einen Kollegen nach der Arbeit im Auto mitzunehmen, einer Person beim Umzug oder bei Renovierungsarbeiten zu helfen, einem Mitschüler Nachhilfe anzubieten, einer behinderten Nachbarin anzubieten, ihr etwas einzukaufen, einem Kind zu helfen, das Fahrrad in den Keller zu tragen oder etwas Ähnliches.)

☐ Aufgabe zu leicht   ☐ ____ -mal trainiert   ☐ Verhalten fast angstfrei

● **4.9. Aufgabe:** Überlegen Sie, welche alten Freunde, Mitschüler, Kollegen, Bekannte oder Verwandte Sie schon lange nicht mehr getroffen haben. Schreiben Sie dieser Person einen Brief, eine E-Mail, SMS, WhatsApp oder was Sie an Medien zur Verfügung haben. Suchen Sie systematisch nach alten Schulkameraden, ehemaligen Kollegen oder Verwandten, mit denen Sie schon lange keinen Kontakt mehr hatten. Neben dem guten alten Telefonbuch hilft hier das Internet (z. B. Stayfriends). Viele der oben genannten Foren haben eine Suchfunktion, und wenn Sie Glück haben, steht diese Person mit ihrem echten Namen dort verzeichnet.

☐ Aufgabe zu leicht ☐ ____ -mal trainiert ☐ Verhalten fast angstfrei

● **4.10. Aufgabe:** Überlegen Sie, welche alten Freunde, Mitschüler, Kollegen, Bekannte oder Verwandte Sie schon lange nicht mehr getroffen haben. Versuchen Sie die Telefonnummer zu finden (z. B. im Internet). Rufen Sie diese Person dann einmal an.

☐ Aufgabe zu leicht ☐ ____ -mal trainiert ☐ Verhalten fast angstfrei

● **4.11. Aufgabe:** Wie bei der letzte Aufgabe, aber verabreden Sie sich nun mit dieser Person zu einem Treffen bei sich oder bei dieser Person zu Hause.

☐ Aufgabe zu leicht ☐ ____ -mal trainiert ☐ Verhalten fast angstfrei

● **4.12. Aufgabe:** Wie bei der letzte Aufgabe, aber verabreden Sie sich nun mit dieser Person zu einem Treffen an einem öffentlichen Ort, z. B. in einem Café oder Restaurant.

☐ Aufgabe zu leicht ☐ ____ -mal trainiert ☐ Verhalten fast angstfrei

● **4.13. Aufgabe:** Laden Sie eine Person ein, die Sie kennen, mit Ihnen ins Kino zu gehen. Sagen Sie, dass Sie den Film gerne sehen möchten, aber keine Lust haben alleine ins Kino zu gehen (... und daher evtl. sogar bereit sind, die Kinokarten zu zahlen?).

☐ Aufgabe zu leicht ☐ ____ -mal trainiert ☐ Verhalten fast angstfrei

● **4.14. Aufgabe:** Organisieren Sie eine kleine Party oder einen Grill- oder Spieleabend bei sich zu Hause und laden Sie drei, vier oder fünf Leute ein, die Sie mögen.

☐ Aufgabe zu leicht   ☐ ___ -mal trainiert   ☐ Verhalten fast angstfrei

● **4.15. Aufgabe:** Organisieren Sie eine etwas größere Party oder einen Grillabend bei sich zu Hause und laden Sie etliche Leute ein, die Sie mögen. Bieten Sie ggf. an, dass jeder seinen Partner mitbringen kann.

☐ Aufgabe zu leicht   ☐ ___ -mal trainiert   ☐ Verhalten fast angstfrei

● **4.16. Aufgabe:** Wer einlädt, wird auch eingeladen. Lassen Sie sich von guten Freunden auf eine kleine Party einladen.

☐ Aufgabe zu leicht   ☐ ___ -mal trainiert   ☐ Verhalten fast angstfrei

● **4.17. Aufgabe:** Gehen Sie auf eine große Party, auch wenn Sie dort kaum jemanden oder niemanden kennen. Wenn niemand Sie einlädt, gehen Sie z. B. auf eine Ü-40-Party, eine Silvester-Party, ein Stadtfest, Altstadtfest oder Ähnliches. Versuchen Sie über Small-Talk dort Gespräche aufzubauen.

☐ Aufgabe zu leicht   ☐ ___ -mal trainiert   ☐ Verhalten fast angstfrei

● **4.18. Aufgabe:** Gehen Sie alleine ins Kino, zum Konzert einer Musikgruppe, ins Theater oder zu einem sportlichen Ereignis (z. B. Fußballspiel); versuchen Sie dort mit Menschen ins Gespräch zu kommen.

☐ Aufgabe zu leicht   ☐ ___ -mal trainiert   ☐ Verhalten fast angstfrei

5. ÜBUNG: PARTNERSUCHE

● **5.1. Aufgabe:** Wenn Sie Single sind und sich eine(n) Partner/Partnerin wünschen, dann suchen Sie zunächst einmal auf der Straße Blickkontakt zu Personen, die für Sie potenziell als Partner in Frage kommen würden. Schauen Sie diese Leute einfach an; wegschauen können Sie immer noch.

☐ Aufgabe zu leicht

☐ ____ -mal trainiert

☐ Verhalten fast angstfrei

● **5.2. Aufgabe:** Suchen Sie Blickkontakt und lächeln Sie auf der Straße Personen an, die für Sie potenziell als Partner in Frage kommen würden.

☐ Aufgabe zu leicht   ☐ ____ -mal trainiert   ☐ Verhalten fast angstfrei

● **5.3. Aufgabe:** Suchen Sie irgendwo, wo viele Menschen sind (z. B. in einer belebten Innenstadt) gezielt nach alleine herumlaufenden oder herumstehenden Personen, die für Sie potenziell als Partner in Betracht kommen könnten. Sprechen Sie die Person an und fragen Sie nach irgendetwas (z. B. einem Straßennamen, einem bestimmten Geschäft, wie die nahestehende Kirche heißt oder wo das Museum ist). Seien Sie nicht frustriert, falls die Gespräche zunächst nur kurz sind. Es ist nur eine erste Übung. Sie sollen das ja nur trainieren!

☐ Aufgabe zu leicht   ☐ ____ -mal trainiert   ☐ Verhalten fast angstfrei

● **5.4. Aufgabe:** Wiederholen Sie die letzte Übung, versuchen Sie nun aber, diese Person in ein nunmehr möglichst etwas längeres Gespräch zu verwickeln.

☐ Aufgabe zu leicht   ☐ ____ -mal trainiert   ☐ Verhalten fast angstfrei

● **5.5. Aufgabe:** Suchen Sie in Ihrem direkten Umfeld (Kollegen, Mitschüler, Nachbarn usw.) gezielt nach jemandem, der/die Ihnen äußerst sympathisch ist. Suchen Sie das Gespräch zu dieser Person und bemühen Sie sich um Augenkontakt. Es ist nur eine Übung, d. h. es müssen nicht speziell nur Singles sein. Sehen Sie dieser Person ins Gesicht, wenden Sie Techniken des partnerzentrierten Gesprächs an; seien Sie ein guter Zuhörer.

☐ Aufgabe zu leicht ☐ ____ -mal trainiert ☐ Verhalten fast angstfrei

● **V.6. Aufgabe:** Suchen Sie in Ihrem direkten Umfeld (Kollegen, Mitschüler, Nachbarn usw.) gezielt nach jemandem, der/die Ihnen äußerst sympathisch ist. Suchen Sie das Gespräch zu dieser Person. Berühren Sie diese Person im Gespräch hin und wieder wie zufällig. Sie können z. B. die Weichheit eines neuen Kleidungsstücks prüfen, die frisch-gewaschenen Haare berühren, die Muskeln, den straffen Bauch, die Muskeln am Oberarm. Achten Sie darauf, wie diese Person auf Berührungen durch Sie reagiert! Ist es der anderen Person angenehm oder unangenehm, berührt zu werden? Auch dies ist nur eine Übung, d. h. Sie können das auch an jemandem ausprobieren, der/die eine Partnerschaft hat.

☐ Aufgabe zu leicht ☐ ____ -mal trainiert ☐ Verhalten fast angstfrei

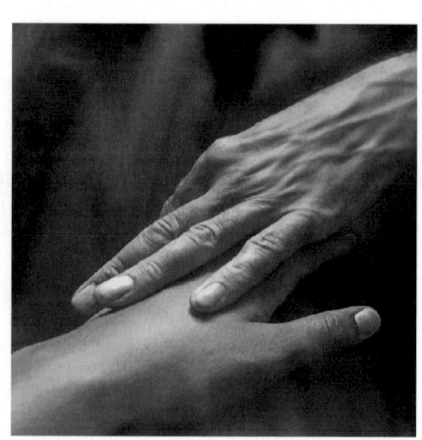

● **5.7. Aufgabe:** Testen Sie, ob ein Gesprächspartner ungebunden ist durch lapidare Fragen, wie z. B.: *„Was sagt denn Dein Freund / Deine Freundin dazu, wenn Du dieses oder jenes machst?"*, oder: *„Gehen wir noch einen Kaffee trinken oder schimpft dann Deine Freundin / Dein Freund?"*.

☐ Aufgabe zu leicht ☐ ___ -mal trainiert ☐ Verhalten fast angstfrei

● **5.8. Aufgabe:** Laden Sie eine in Frage kommende Person spontan zu einem Getränk oder einem Eis o. ä. ein.

☐ Aufgabe zu leicht ☐ ___ -mal trainiert ☐ Verhalten fast angstfrei

● **5.9. Aufgabe:** Finden Sie die Handy-Nummer oder E-Mail-Adresse heraus. Z. B. können Sie der Person anbieten, ihr per Mail ein tolles Foto oder eine lustige Geschichte zu senden. Halten Sie dann SMS- oder Email-Kontakt.

☐ Aufgabe zu leicht ☐ ___ -mal trainiert ☐ Verhalten fast angstfrei

● **5.10. Aufgabe:** Verabreden Sie sich mit der Person ins Kino. Wenn die Person zusagt, bieten Sie hinterher an, noch Essen zu gehen.

☐ Aufgabe zu leicht ☐ ___ -mal trainiert ☐ Verhalten fast angstfrei

6. ÜBUNG: FREI SPRECHEN

● **6.1. Aufgabe:** Lesen Sie sich selbst einen Zeitungsartikel Ihrer Wahl laut vor und nehmen Sie dabei Ihre Stimme mit einem Smartphone, Tonband, Diktiergerät, Cassetten-Rekorder oder MP3-Player auf. Wie klingt Ihre Stimme? Was können Sie verbessern, damit Ihr Vorlesen besser, interessanter, stimmungsvoller klingt? Versuchen Sie es ggf. erneut.

☐ Aufgabe zu leicht　　☐ ___ -mal trainiert　　☐ Verhalten fast angstfrei

● **6.2. Aufgabe:** Stellen Sie sich vor einen Spiegel und lesen Sie sich selbst einen interessanten, kurzen Zeitungsartikel vor. Stellen Sie sich dabei vor, die Person im Spiegel sei ein Zuhörer. Beobachten Sie sich selbst beim Vortrag. Versuchen Sie auf Ihre Körperhaltung zu achten und möglichst locker zu stehen. Wie ist Ihr Gesichtsausdruck beim Vortragen? Alternativ können Sie Ihren Vortrag auch mit einem Smartphone oder einer Kamera aufnehmen und hinterher auswerten. Wie wirken Sie? Was können Sie an Ihrem Auftreten verbessern?

☐ Aufgabe zu leicht　　☐ ___ -mal trainiert　　☐ Verhalten fast angstfrei

● **6.3. Aufgabe:** Lesen Sie einem guten Freund oder Verwandten oder Bekannten einen interessanten Zeitungsartikel oder eine Kurzgeschichte vor. Fragen Sie dann konkret, wie diese Person das empfunden hat?

☐ Aufgabe zu leicht　　☐ ___ -mal trainiert　　☐ Verhalten fast angstfrei

● **6.4. Aufgabe:** Lesen Sie bei einer Besprechung Ihren Kollegen einen interessanten kurzen Artikel (z. B. zu Ihrer Tätigkeit) vor.

☐ Aufgabe zu leicht　　☐ ___ -mal trainiert　　☐ Verhalten fast angstfrei

● **6.5. Aufgabe:** Merken Sie sich eine kurze Geschichte oder einen Witz, z. B. aus der Tageszeitung, erzählen Sie diese Geschichte bzw. den Witz dann in einer kleinen Runde von ca. 3 bis 5 Menschen.

☐ Aufgabe zu leicht　　☐ ___ -mal trainiert　　☐ Verhalten fast angstfrei

● **6.6. Aufgabe:** Wiederholen Sie die letzte Übung, erzählen Sie diese Geschichte bzw. den Witz nun in einer Runde von ca. 10 – 12 Menschen.

☐ Aufgabe zu leicht ☐ ____ -mal trainiert ☐ Verhalten fast angstfrei

● **6.7. Aufgabe:** Übernehmen Sie ein Referat oder eine Präsentation vor einer kleinen Gruppe von Kollegen oder Mitschülern, die Sie gut kennen.

☐ Aufgabe zu leicht ☐ ____ -mal trainiert ☐ Verhalten fast angstfrei

● **6.8. Aufgabe:** Übernehmen Sie ein Referat oder eine Präsentation vor einer großen Gruppe von Kollegen oder Mitschülern, die Sie wenig kennen.

☐ Aufgabe zu leicht ☐ ____ -mal trainiert ☐ Verhalten fast angstfrei

● **6.9. Aufgabe:** Gehen Sie auf größere Versammlungen, z. B. öffentliche Vorträge von Politikern oder Wissenschaftlern. Melden Sie sich nach dem Vortrag und stellen Sie eine Frage.

☐ Aufgabe zu leicht ☐ ____ -mal trainiert ☐ Verhalten fast angstfrei

● **6.10. Aufgabe:** Überlegen Sie sich, was Sie besonders gut können und bieten Sie dann (z. B. der örtlichen Volkshochschule) an, einen Kurs darüber zu machen.

☐ Aufgabe zu leicht ☐ ____ -mal trainiert ☐ Verhalten fast angstfrei

7. ÜBUNG: MENSCHENMASSEN ERTRAGEN

● **7.1. Aufgabe:** Haben Sie Ängste, Gedränge zu ertragen? Dann begeben Sie sich an Orte, an denen es voll ist. Beginnen Sie zunächst mit einfachen, nicht ganz so schrecklich überfüllten Örtlichkeiten, etwa einem Supermarkt am frühen Morgen oder am späten Abend.

☐ Aufgabe zu leicht   ☐ ___ -mal trainiert   ☐ Verhalten fast angstfrei

● **7.2. Aufgabe:** Steigern Sie sich nun stückweise bis zu Orten, an denen zunehmend mehr Gedränge herrscht, z. B. Bahnhöfe, Ausgänge von Kaufhäusern zu Stoßzeiten, Supermärkte ab 10:00 oder am späten Nachmittag.

☐ Aufgabe zu leicht   ☐ ___ -mal trainiert   ☐ Verhalten fast angstfrei

● **7.3. Aufgabe:** Fahren Sie mit vollen Bussen, Straßenbahnen, U-Bahnen. Halten Sie im Gedränge nicht unbedingt großen Abstand. Lassen Sie sich beim Einsteigen nicht abdrängen. Bleiben Sie im Pulk.

☐ Aufgabe zu leicht   ☐ ___ -mal trainiert   ☐ Verhalten fast angstfrei

● **7.4. Aufgabe:** Fahren Sie auf überfüllten Rolltreppen oder mit vollen Fahrstühlen.

☐ Aufgabe zu leicht   ☐ ___ -mal trainiert   ☐ Verhalten fast angstfrei

● **7.5. Aufgabe:** Suchen Sie eine möglichst volle Diskothek auf und gehen Sie mehrfach hindurch. Versuchen Sie, über die Tanzfläche zu gehen. Tanzen Sie, falls Ihnen danach ist.

☐ Aufgabe zu leicht   ☐ ___ -mal trainiert   ☐ Verhalten fast angstfrei

8. ÜBUNG: IM RESTAURANT

● **8.1. Aufgabe:** Gehen Sie in einen relativ leeren Schnellimbiss und kaufen Sie sich dort ein Getränk oder etwas zu essen.

☐ Aufgabe zu leicht

☐ ___ -mal trainiert

☐ Verhalten fast angstfrei

● **8.2. Aufgabe:** Gehen Sie zu einem relativ vollen Imbiss, stellen Sie sich in die Schlange und kaufen Sie sich dort ein Getränk oder etwas zu essen.

☐ Aufgabe zu leicht　☐ ___ -mal trainiert　☐ Verhalten fast angstfrei

● **8.3. Aufgabe:** Gehen Sie in ein relativ leeres Restaurant, bestellen Sie dort lediglich etwas zu trinken.

☐ Aufgabe zu leicht　☐ ___ -mal trainiert　☐ Verhalten fast angstfrei

● **8.4. Aufgabe:** Gehen Sie in ein relativ leeres Restaurant, bestellen Sie dort etwas zu essen und zu trinken.

☐ Aufgabe zu leicht　☐ ___ -mal trainiert　☐ Verhalten fast angstfrei

● **8.5. Aufgabe:** Gehen Sie in ein relativ volles Restaurant, bestellen Sie dort lediglich etwas zu trinken.

☐ Aufgabe zu leicht   ☐ ____ -mal trainiert   ☐ Verhalten fast angstfrei

● **8.6. Aufgabe:** Gehen Sie in ein relativ volles Restaurant, bestellen Sie dort etwas zu essen und zu trinken.

☐ Aufgabe zu leicht   ☐ ____ -mal trainiert   ☐ Verhalten fast angstfrei

● **8.7. Aufgabe:** Setzen Sie sich in ein Restaurant und lassen Sie sich die Speisekarte geben. Bitten Sie die Bedienung, Ihnen etwas zu empfehlen. Stellen Sie Fragen. Lassen Sie sich das Gericht genau erklären.

☐ Aufgabe zu leicht   ☐ ____ -mal trainiert   ☐ Verhalten fast angstfrei

● **8.8. Aufgabe:** Setzen Sie sich in ein Restaurant und lassen Sie sich die Speisekarte geben. Fragen Sie die Bedienung, ob Sie auch eine Zusammenstellung haben können, die so nicht auf der Speisekarte steht (z. B. Bratkartoffeln statt der Nudeln oder Reis statt Kroketten, ob man die Soße auch ohne Zwiebeln bekommen kann, das Gyros ohne Knoblauch oder etwas Ähnliches).

☐ Aufgabe zu leicht   ☐ ____ -mal trainiert   ☐ Verhalten fast angstfrei

● **8.9. Aufgabe:** Tauschen Sie in einem Restaurant das Besteck um, da Ihnen die Gabel heruntergefallen ist. Oder tauschen Sie das Messer um, da es stumpf ist. Oder versuchen Sie eine vegane Mahlzeit zu bestellen (ohne Fleisch, Ei oder Käse).

☐ Aufgabe zu leicht   ☐ ____ -mal trainiert   ☐ Verhalten fast angstfrei

● **8.10. Aufgabe:** Setzen Sie sich in ein relativ volles Restaurant. Rufen Sie laut nach der Bedienung, sobald Sie diese sehen und wedeln Sie dabei mit den Händen. Bestellen Sie etwas, wenn die Bedienung kommt und sagen Sie, dass Sie es eilig haben.

☐ Aufgabe zu leicht   ☐ ____ -mal trainiert   ☐ Verhalten fast angstfrei

9. ÜBUNG: EINKAUFEN

● **9.1. Aufgabe:** Gehen Sie in einen Supermarkt (mit oder ohne Einkaufswagen), nehmen Sie dort Waren aus dem Regal, die Sie benötigen. Stellen Sie sich an der Kasse an. Bezahlen Sie den Gegenstand. Verlassen Sie den Supermarkt wieder.

☐ Aufgabe zu leicht ☐ ___ -mal trainiert ☐ Verhalten fast angstfrei

● **9.2. Aufgabe:** Wenn Sie sich nicht damit auskennen, wie man an einen Einkaufswagen kommt, dann gehen Sie nach Ladenschluss zu einem Supermarkt und sehen Sie sich das System an. Durch Einwurf einer Münze (meist 1,– oder 2,– €) lässt sich die Kette entriegeln und der vorderste Einkaufswagen herausziehen. Später stellt man den Wagen zurück, das Gitter an der Griffseite des letzten Wagens, in den Sie Ihren hineinschieben, klappt dann nach innen. Durch Hineinstecken des Stiftes der Kette in Ihren Wagen können Sie Ihre Münze wieder entnehmen.

☐ Aufgabe zu leicht ☐ ___ -mal trainiert ☐ Verhalten fast angstfrei

● **9.3. Aufgabe:** Gehen Sie zu einem Supermarkt, holen Sie sich dort durch Münzeinwurf einen Einkaufswagen. Gehen Sie damit in den Laden, nehmen Sie dort eine oder mehrere Ware(n) aus dem Regal, die Sie benötigen. Stellen Sie sich an der Kasse an. Bezahlen Sie die Gegenstände. Verlassen Sie den Supermarkt wieder, stellen Sie den Wagen zurück. Holen Sie sich durch Einklinken der Kette Ihre Münze wieder.

☐ Aufgabe zu leicht ☐ ___ -mal trainiert ☐ Verhalten fast angstfrei

● **9.4. Aufgabe:** Gehen Sie in ein Kaufhaus (kein Supermarkt). Nehmen Sie dort eine Ware aus dem Regal, die Sie benötigen. Stellen Sie sich an der Kasse an. Bezahlen Sie den Gegenstand. Verlassen Sie das Kaufhaus wieder.

☐ Aufgabe zu leicht ☐ ___ -mal trainiert ☐ Verhalten fast angstfrei

● **9.5. Aufgabe:** Gehen Sie in ein Kaufhaus. Suchen Sie sich dort einen Verkäufer bzw. eine Verkäuferin. Fragen Sie danach, wo die von Ihnen gesuchte Ware sich befindet (auch wenn Sie das eigentlich wissen!). Kaufen Sie den Gegenstand (oder auch nicht). Verlassen Sie das Kaufhaus wieder.

☐ Aufgabe zu leicht   ☐ ____ -mal trainiert   ☐ Verhalten fast angstfrei

● **9.6. Aufgabe:** Gehen Sie in ein Kaufhaus. Suchen Sie sich dort einen Verkäufer bzw. eine Verkäuferin. Fragen Sie nach der von Ihnen gesuchten Ware, lassen Sie sich hinführen und lassen Sie sich beraten, welches von den Angeboten am besten ist. Kaufen Sie den Gegenstand (oder auch nicht). Verlassen Sie das Kaufhaus wieder.

☐ Aufgabe zu leicht   ☐ ____ -mal trainiert   ☐ Verhalten fast angstfrei

● **9.7. Aufgabe:** Gehen Sie in ein Kaufhaus. Suchen Sie sich dort einen Verkäufer bzw. eine Verkäuferin. Äußern Sie einen unspezifischen Wunsch (z. B.: *„Ich suche nach einem Geschenk für meine Tante, weiß aber nicht was?"*) und lassen Sie sich ausführlich beraten. Kaufen Sie den Gegenstand (oder auch nicht). Verlassen Sie das Kaufhaus wieder.

☐ Aufgabe zu leicht   ☐ ____ -mal trainiert   ☐ Verhalten fast angstfrei

● **9.8. Aufgabe:** Gehen Sie in ein Bekleidungsgeschäft. Probieren Sie einige Kleidungsstücke an und bitten Sie einen Verkäufer bzw. eine Verkäuferin, Sie zu beraten, ob das Kleidungsstück Ihnen gut steht. Kaufen Sie den Gegenstand (oder auch nicht). Verlassen Sie das Kaufhaus wieder.

☐ Aufgabe zu leicht ☐ ____ -mal trainiert ☐ Verhalten fast angstfrei

● **9.9. Aufgabe:** Gehen Sie in ein Geschäft und fragen Sie nach einem Gegenstand, den es dort mit Sicherheit nicht gibt (z. B. der Song „*Plutonische Zeiten*" von der „Gaspanin Plastik Gruppe").

☐ Aufgabe zu leicht ☐ ____ -mal trainiert ☐ Verhalten fast angstfrei

● **9.10. Aufgabe:** Begeben Sie sich in ein Geschäft, in dem man üblicherweise rasch vom Personal angesprochen wird (z. B. Boutique, Parfum-Geschäft, Laden für teure Schuhe oder Handtaschen oder Juwelier). Schauen Sie hilflos auf die Auslagen, warten Sie, bis die Verkäuferin sie anspricht. Lehnen Sie diese Hilfe ab, sagen Sie freundlich aber bestimmt, dass Sie sich nur umsehen wollen.

☐ Aufgabe zu leicht ☐ ____ -mal trainiert ☐ Verhalten fast angstfrei

● **9.11. Aufgabe:** Begeben Sie sich erneut in ein solches teures Geschäft, warten Sie, bis ein Verkäufer Sie anspricht. Sie lassen sich Waren zeigen, verlassen dann aber das Geschäft mit den Worten, dass sie es sich noch überlegen wollen, ob sie die Ware wirklich kaufen.

☐ Aufgabe zu leicht   ☐ ____-mal trainiert   ☐ Verhalten fast angstfrei

● **IX.12. Aufgabe:** Begeben Sie sich in ein teures Schuhgeschäft, warten Sie bis ein Verkäufer Sie anspricht. Sie lassen sich dann Schuhe zeigen, probieren Sie einige Schuhe an. Kritisieren Sie diese Schuhe dann (z. B. zu eng, drücken, sitzen nicht, passen nicht, falsche Farbe, zu teuer). Probieren Sie mindestens 5 Paare an; lassen Sie sich nicht überreden ein Paar zu kaufen. Sagen Sie dann, dass Sie jetzt losmüssen, weil Sie verabredet sind oder Ihren Zug kriegen müssen. Verlassen Sie den Laden, ohne etwas zu kaufen. Wenn Sie nett sein wollen, versprechen Sie wiederzukommen.

☐ Aufgabe zu leicht   ☐ ____-mal trainiert   ☐ Verhalten fast angstfrei

● **9.13. Aufgabe:** Begeben Sie sich in ein Geschäft. Überzeugen Sie sich davon, dass man Geld wiederbekommt, wenn man etwas hier Gekauftes umtauscht (d. h. keinen Gutschein). Kaufen Sie etwas, das Sie weder brauchen, noch wirklich haben möchten. Heben Sie die Quittung gut auf. Tauschen Sie es einen oder einige Tag(e) später wieder um, sagen Sie, dass Sie zu Hause festgestellt haben, dass Sie diesen Gegenstand doch nicht brauchen (bzw. die Farbe nicht gefällt, nicht passt o.ä.). Lassen Sie sich das Geld auszahlen. Lassen Sie sich nicht überzeugen, einen anderen oder ähnlichen Gegenstand zu kaufen.

☐ Aufgabe zu leicht

☐ ____-mal trainiert

☐ Verhalten fast angstfrei

● **10.1. Aufgabe:** Wenn Sie Probleme haben, Fahrkarten für Bus, U-Bahn, S-Bahn oder Straßenbahn aus Automaten zu ziehen, dann gehen Sie zu einer Tageszeit dorthin, wo es an der betreffenden Haltestelle üblicherweise leer ist, und informieren Sie sich durch Ausprobieren, wie der Automat zu bedienen ist, ohne Geld einzuwerfen.

☐ Aufgabe zu leicht   ☐ ____ -mal trainiert   ☐ Verhalten fast angstfrei

● **10.2. Aufgabe:** Wenn Sie Probleme haben, mit öffentlichen Verkehrsmitteln zu fahren, dann kaufen Sie nun eine (oder mehrere) Fahrkarte(n) aus dem Automaten. Beobachten Sie zunächst an der Haltestelle wie und wo andere Personen in den Bus (S-Bahn, U-Bahn-Straßenbahn) ein- und aussteigen. Bei den meisten Bussen darf nur vorne eingestiegen werden. Vergessen Sie nicht Ihre Fahrkarte abzustempeln, meist befinden sich die Geräte zum Abstempeln vorne im Bus. Bei U-Bahnen meist am Bahnsteig. Mitunter gilt die Fahrkarte aber auch ab Kauf als entwertet und ist dann ca. 90 Min. bis ca. 2 Std. gültig. Fahren Sie eine (oder mehrere) Station(en) mit diesem öffentlichen Verkehrsmittel. Oft rentiert es sich hier, dies zunächst einige Male mit einer Begleitperson zu üben und erst dann alleine zu fahren.

☐ Aufgabe zu leicht   ☐ ____ -mal trainiert   ☐ Verhalten fast angstfrei

● **10.3. Aufgabe:** Fahren Sie mit einem Bus und fragen Sie einen Mitreisenden nach der nächsten Station bzw. wie weit es zu einer bestimmten Station noch ist (auch wenn Sie genau wissen wie die Station heißt bzw. wie weit es ist).

☐ Aufgabe zu leicht   ☐ ____-mal trainiert   ☐ Verhalten fast angstfrei

● **10.4. Aufgabe:** Wiederholen Sie die letzte Übung, versuchen Sie nun aber das Gespräch als *„small talk"* mit dem Mitreisenden weiterzuführen.

☐ Aufgabe zu leicht   ☐ ____-mal trainiert   ☐ Verhalten fast angstfrei

● **10.5. Aufgabe:** Gehen zu in einen Bahnhof und kaufen Sie dort im Service Center eine Hin- und Rückfahrkarte zu einem nahen Ort. In manchen größeren Bahnhöfen muss dazu im Service-Center eine Nummer gezogen werden, die dann auf einem großen Display erscheint und sagt, zu welchem Schalter man gehen darf. Wenn das nicht der Fall ist, stellt man sich einfach in der Schlange vor dem Fahrkartenschalter an.

● Fahren Sie dann zu diesem Ort und zurück.

☐ Aufgabe zu leicht   ☐ ____-mal trainiert   ☐ Verhalten fast angstfrei

Wenn Sie ein Ticket haben, schauen Sie im Bahnhof auf der Leuchttafel nach, auf welchem Bahnsteig Ihr Zug abfährt.

Gehen Sie zu dem Gleis.

Falls Sie eine Platzkarte haben, suchen Sie auf der Anschlagtafel im Gleis den Abschnitt, wo Ihr Waggon hält. Hier: Gleis 7, Abschnitt C.

Irgendwann kommt Ihr Zug.

Die einzelnen Waggons haben Nummern. Wenn Sie eine Platzkarte haben, steigen Sie in den korrekten Waggon. Ohne Platzkarte: auf 1. und 2. Klasse achten.

Wenn Sie eine Platzkarte haben, dann nun bitte Ihren Platz suchen. Ansonsten kann man sich aber einfach auf einen freien Platz setzen.

11. ÜBUNG: KONFLIKTE ERTRAGEN

● **11.1. Aufgabe:** Sagen Sie heute zu mindestens einer Person: *„Nein, das will ich nicht."*

☐ Aufgabe zu leicht   ☐ ___ -mal trainiert   ☐ Verhalten fast angstfrei

● **11.2. Aufgabe:** Gehen Sie in ein Restaurant essen. Geben Sie beim Bezahlen kein Trinkgeld.

☐ Aufgabe zu leicht   ☐ ___ -mal trainiert   ☐ Verhalten fast angstfrei

● **11.3. Aufgabe:** Gehen Sie ca. 5 Min. vor Ladenschluss in ein Geschäft und sehen Sie sich intensiv Waren an. Verlassen Sie das Geschäft beim offiziellen Ladenschluss nicht, warten Sie, bis das Personal Sie anspricht und verlassen Sie das Geschäft erst nach Aufforderung.

☐ Aufgabe zu leicht   ☐ ___ -mal trainiert   ☐ Verhalten fast angstfrei

● **11.4. Aufgabe:** Versuchen Sie, wenn mehrere Personen durch eine Tür gehen wollen, als Erste/r hindurch zu schlüpfen, statt anderen den Vortritt zu lassen und zu warten.

☐ Aufgabe zu leicht   ☐ ___ -mal trainiert   ☐ Verhalten fast angstfrei

● **11.5. Aufgabe:** Schlagen Sie Angebote (z. B. einen Keks zu nehmen, eine Tasse Tee zu trinken usw.) aus mit dem Satz: *„Nein, vielen Dank, das möchte ich nicht."*

☐ Aufgabe zu leicht   ☐ ___ -mal trainiert   ☐ Verhalten fast angstfrei

● **11.6. Aufgabe:** Erscheinen Sie bewusst 10 Min. zu spät zu einer privaten Verabredung. Wie gut ertragen Sie das? Wie reagieren die Personen?

☐ Aufgabe zu leicht   ☐ ___ -mal trainiert   ☐ Verhalten fast angstfrei

● **11.7. Aufgabe:** Erscheinen Sie bewusst 10 Min. zu spät zu einer beruflichen Sitzung mit den Kollegen. Wie gut ertragen Sie das? Wie reagieren die Kollegen?

☐ Aufgabe zu leicht   ☐ ____ -mal trainiert   ☐ Verhalten fast angstfrei

● **11.8. Aufgabe:** Gehen Sie ins Kino. Kaufen Sie sich eine Eintrittskarte. Schauen Sie sich den Film an.

☐ Aufgabe zu leicht   ☐ ____ -mal trainiert   ☐ Verhalten fast angstfrei

● **11.9. Aufgabe:** Gehen Sie wieder ins Kino. Kaufen Sie sich eine Eintrittskarte in der Mitte einer Reihe. Betreten Sie den Kinosaal aber erst 5 Min. nach Beginn, wenn es drinnen schon abgedunkelt ist und Sie sich durch die Sitzreihen zwängen müssen (möglichst mit Hilfe einer Beleuchtung durch Smartphone oder einer mini-Taschenlampe).

☐ Aufgabe zu leicht   ☐ ____ -mal trainiert   ☐ Verhalten fast angstfrei

● **11.10. Aufgabe:** Gehen Sie ins Kino, holen Sie sich eine Platzkarte in der Mitte der Sitzreihe. Stehen Sie mitten im Film auf, zwängen Sie sich durch die besetzte Reihe, suchen Sie das WC auf und gehen Sie dann zurück auf ihren Platz.

☐ Aufgabe zu leicht   ☐ ____ -mal trainiert   ☐ Verhalten fast angstfrei

● **11.11. Aufgabe:** Gehen Sie auf ein Amt. Klopfen Sie an einer beliebigen Tür und treten Sie ein, ohne dass Sie von innen etwas gehört haben. Fragen Sie danach, wo eine bestimmte Abteilung dieses Amtes ist (von der Sie möglichst wissen sollten, dass diese in einem anderen Stockwerk des Gebäudes ist). Bleiben Sie beharrlich und lassen Sie sich erklären, wie man dorthin kommt.

☐ Aufgabe zu leicht   ☐ ____ -mal trainiert   ☐ Verhalten fast angstfrei

● **11.12. Aufgabe:** Gehen Sie zu einem Bahnhof und fragen beim Fahrkartenschalter danach, wie man am günstigsten zu einem bestimmten Ort kommt. Stellen Sie viele Detailfragen, beharren Sie darauf, dass es bestimmt noch eine günstigere oder schnellere Möglichkeit gibt, zu diesem Ort zu kommen. Fragen Sie genau nach den Umsteigezeiten. Fragen Sie, wie man weiterkommt, falls man einen Anschlusszug verpasst. Ertragen Sie möglichst lange, dass sich hinter Ihnen eine Schlange von wartenden Reisenden bildet, die mürrisch werden.

☐ Aufgabe zu leicht   ☐ ____ -mal trainiert   ☐ Verhalten fast angstfrei

● **11.13. Aufgabe:** Schlagen Sie einer nahestehenden Person (Partner, Eltern, Kind, gute Bekannte) einen Wunsch ab, den Sie ebenso gut hätten erfüllen können.

☐ Aufgabe zu leicht   ☐ ____ -mal trainiert   ☐ Verhalten fast angstfrei

● **11.14. Aufgabe:** Schlagen Sie einer Person, die Sie nicht so gut kennen (z. B. einem Kollegen) einen Wunsch ab, den Sie ebenso gut hätten erfüllen können.

☐ Aufgabe zu leicht   ☐ ____ -mal trainiert   ☐ Verhalten fast angstfrei

● **11.15. Aufgabe:** Schlagen Sie einem Vorgesetzten (Chef, Lehrer) einen Wunsch ab, den Sie ebenso gut hätten erfüllen können.

☐ Aufgabe zu leicht   ☐ ____ -mal trainiert   ☐ Verhalten fast angstfrei

● **11.16. Aufgabe:** Kritisieren Sie eine andere Person in Ihrer Umgebung, die Sie gut kennen, wegen eines Fehlers, den diese Person gemacht hat.

☐ Aufgabe zu leicht   ☐ ____ -mal trainiert   ☐ Verhalten fast angstfrei

● **11.17. Aufgabe:** Kritisieren Sie eine andere Person in Ihrer Umgebung, die Sie kaum kennen, wegen eines Fehlers, den diese Person gemacht hat.

☐ Aufgabe zu leicht   ☐ ____ -mal trainiert   ☐ Verhalten fast angstfrei

● **11.18. Aufgabe:** Kritisieren Sie eine höhergestellte Person in Ihrer Umgebung (Vorgesetzter, Lehrer) wegen eines Fehlers, den diese Person gemacht hat.

☐ Aufgabe zu leicht   ☐ ____ -mal trainiert   ☐ Verhalten fast angstfrei

● **11.19. Aufgabe:** Was nervt Sie an dem Verhalten einer nahestehenden Person schon lange? Räumt Ihr Partner nie den Frühstückstisch ab, liegt immer schmutzige Wäsche im Bad oder Schlafzimmer herum? Wird Ihre Post geöffnet? Ziehen Ihre Kinder ständig ohne zu fragen Ihre Kleidungsstücke an? Sprechen Sie dieser Person ein direktes Verbot aus!

☐ Aufgabe zu leicht   ☐ ____ -mal trainiert   ☐ Verhalten fast angstfrei

● **11.20. Aufgabe:** Was nervt Sie an dem Verhalten einer Person, die Ihnen nicht so nahe steht, schon lange? Machen Nachbarn die Treppe nie sauber? Borgen sich Kollegen ständig ohne zu fragen Büromaterialien von Ihrem Schreibtisch und bringen diese nicht wieder? Sprechen Sie dieser Person ein direktes Verbot aus, dieses Verhalten weiter zu zeigen.

☐ Aufgabe zu leicht   ☐ ____ -mal trainiert   ☐ Verhalten fast angstfrei

● **11.21. Aufgabe:** Fallen Sie bei einem Gespräch mit einer gut bekannten Person (Partner, Verwandter, guter Bekannter) Ihrem Gesprächspartner bewusst hin und wieder ins Wort.

☐ Aufgabe zu leicht   ☐ ____ -mal trainiert   ☐ Verhalten fast angstfrei

● **11.22. Aufgabe:** Fallen Sie bei einem Gespräch mit einer wenig bekannten Person (Kollege, Fremder, Verkäufer) Ihrem Gesprächspartner bewusst hin und wieder ins Wort.

☐ Aufgabe zu leicht   ☐ ____ -mal trainiert   ☐ Verhalten fast angstfrei

● **11.23. Aufgabe:** Versuchen Sie in einem Restaurant das Essen oder einen Teil des Essens zurückgehen zu lassen. Sagen Sie z. B., dass das Essen nicht schmeckt, zu kalt oder versalzen ist, die Portion zu klein ist, das Fleisch nicht genug durchgebraten oder es entspricht nicht Ihren Vorstellungen bzw. der Beschreibung auf der Karte, oder darin ist ein Gewürz, das Sie nicht vertragen. Diskutieren Sie, soweit nötig, mit der Bedienung, versuchen Sie aber darauf zu beharren, ein anderes Essen zu bekommen.

☐ Aufgabe zu leicht   ☐ ____ -mal trainiert   ☐ Verhalten fast angstfrei

12. ÜBUNG: IM MITTELPUNKT STEHEN

● **12.1. Aufgabe:** Fragen Sie in einem Restaurant die Bedienung in normaler Lautstärke, wo die Toiletten sind.

☐ Aufgabe zu leicht   ☐ ___ -mal trainiert   ☐ Verhalten fast angstfrei

● **12.2. Aufgabe:** Ziehen Sie sich rechts und links zwei unterschiedliche Schuhe an und gehen Sie damit heute zur Arbeit, zur Schule oder zum Einkaufen.

☐ Aufgabe zu leicht

☐ ___ -mal trainiert

☐ Verhalten fast angstfrei

● **12.3. Aufgabe:** Ziehen Sie sich Kleidungsstücke an, die entweder farblich absolut gar nicht zusammenpassen oder jahreszeitlich nicht zum Wetter passen (etwa Pudelmütze, Schal oder Handschuhe im Sommer). Gehen Sie damit in eine belebte Einkaufsstraße und beobachten Sie die Reaktion anderer Menschen.

☐ Aufgabe zu leicht   ☐ ___ -mal trainiert   ☐ Verhalten fast angstfrei

● **12.4. Aufgabe:** Gehen Sie in eine Diskothek. Tanzen Sie dort mehrmals für mindestens je 10 Min. auf der Tanzfläche.

☐ Aufgabe zu leicht   ☐ ___ -mal trainiert   ☐ Verhalten fast angstfrei

● **12.5. Aufgabe:** Suchen Sie einen öffentlichen Ort auf, z. B. eine Bank in einer Stadt, einen Sitzplatz im Bus oder in der Straßenbahn, U-Bahn, S-Bahn und machen Sie dort etwas Peinliches (z. B.: in der Nase popeln, Rülpsen, sehr laut Niesen oder Husten, sich laut schnäuzen, oder etwas so fallen lassen, dass es laut knallt oder anderen Leuten vor die Füße fällt).

☐ Aufgabe zu leicht   ☐ ___ -mal trainiert   ☐ Verhalten fast angstfrei

● **12.6. Aufgabe:** Gehen Sie in einen Erotik-Shop. Halten Sie sich dort mindestens 10 Min. auf; sehen Sie sich interessiert die Waren an.

☐ Aufgabe zu leicht

☐ ___ -mal trainiert

☐ Verhalten fast angstfrei

● **12.7. Aufgabe:** Suchen Sie sich einen Supermarkt (möglichst etwas weiter weg von Ihrer Wohnung). Nehmen Sie zwei oder drei Teile aus den Regalen. Legen Sie diese Teile auf das Förderband an der Kasse. Wenn es ans Bezahlen geht, suchen Sie hektisch Ihr Portemonnaie, finden es aber nicht. Sagen Sie der Kassiererin, dass Sie ihr Portemonnaie leider nicht mithaben. Verlassen Sie dann einfach den Supermarkt.

☐ Aufgabe zu leicht   ☐ ___ -mal trainiert   ☐ Verhalten fast angstfrei

● **12.8. Aufgabe:** Suchen Sie sich wieder einen Supermarkt (möglichst auch wieder etwas weiter weg von Ihrem Wohnort). Nehmen Sie einen Einkaufswagen und packen Sie mehrere Teile hinein. Legen Sie diese Waren auf das Förderband an der Kasse. Wenn es ans Bezahlen geht, suchen Sie hektisch Ihr Portemonnaie, finden es aber nicht. Sagen Sie der Kassiererin, dass Sie ihre Geldbörse leider nicht mithaben. Erforschen Sie, was nun weiter passieren wird, ertragen Sie die Situation, gehen Sie nicht sofort weg.

☐ Aufgabe zu leicht   ☐ ___ -mal trainiert   ☐ Verhalten fast angstfrei

● **12.9. Aufgabe:** Suchen Sie zu einer belebten Tageszeit einen Supermarkt auf. Nehmen Sie nur ein einziges Teil aus dem Regal, gehen Sie dann zu der Schlange vor der Kasse. Fragen Sie die dort stehenden Kunden, einen nach dem anderen, ob man Sie vorlassen würde, da Sie nur dieses eine Teil kaufen müssen und heute noch einen dringenden Termin haben.

☐ Aufgabe zu leicht   ☐ ___ -mal trainiert   ☐ Verhalten fast angstfrei

● **12.10. Aufgabe:** Suchen Sie zu einer belebten Tageszeit einen Supermarkt auf. Nehmen Sie nur ein Teil aus dem Regal, gehen Sie dann zu der Schlange vor der Kasse. Gehen Sie diesmal an der Schlange vorbei und fragen zunächst den ganz vorne stehenden Kunden, ob man Sie vorlassen würde, da Sie nur dieses eine Teil kaufen müssen und heute noch einen dringenden Termin haben. Falls dieser ablehnt, fragen Sie den dahinterstehenden Kunden usw., bis man sie dazwischen lässt. Achten Sie nicht auf die bösen Gesichter am Ende der Schlange. Lächeln Sie alle freundlich an.

☐ Aufgabe zu leicht ☐ ____ -mal trainiert ☐ Verhalten fast angstfrei

● **12.11. Aufgabe:** Besorgen Sie sich ein Musikinstrument, das Sie definitiv nicht beherrschen (Blockflöte, Mundharmonika, Gitarre, Kindertrommel oder ähnliches). Gehen Sie damit in einen ruhigen Park und üben Sie zu spielen.

☐ Aufgabe zu leicht ☐ ____ -mal trainiert ☐ Verhalten fast angstfrei

● **12.12. Aufgabe:** Nehmen sie dieses Musikinstrument, gehen Sie an einen ruhigen Platz in der Innenstadt und üben Sie dort zu spielen.

☐ Aufgabe zu leicht ☐ ____ -mal trainiert ☐ Verhalten fast angstfrei

● **12.13. Aufgabe:** Gehen Sie in einen ruhigen Park und singen Sie dort ein Lied.

☐ Aufgabe zu leicht ☐ ____ -mal trainiert ☐ Verhalten fast angstfrei

12.12.

12.14.

● **12.14. Aufgabe:** Gehen Sie in eine belebte Innenstadt und singen Sie dort auf der Straße ein Lied.

☐ Aufgabe zu leicht

☐ ____ -mal trainiert

☐ Verhalten fast angstfrei

● **12.15. Aufgabe:** Gehen Sie oder fahren Sie mit dem Rad in einer Karnevals-Verkleidung durch Ihre Stadt.

☐ Aufgabe zu leicht

☐ ____ -mal trainiert

☐ Verhalten fast angstfrei

● **12.16. Aufgabe:** Tun Sie etwas Verrücktes, das Ihnen niemand zugetraut hätte.

☐ Aufgabe zu leicht

☐ ____ -mal trainiert

☐ Verhalten fast angstfrei

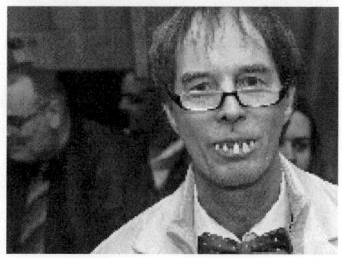

12.15. (Mitte), 12.16. (unten)

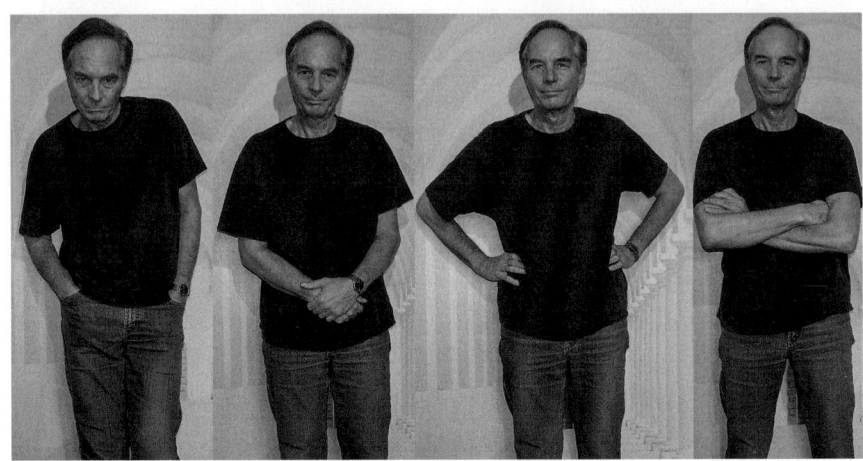

Menschen kommunizieren nicht nur über Sprache, sondern auch über Mimik, Gestik und Körperhaltung. Wie jemand drauf ist, lesen wir intuitiv daran ab, wie man steht, geht und sich bewegt. Am Anfang hatten wir bereits eine Übung, bei der Sie vermehrt darauf achten sollten, andere Menschen anzulächeln und auf Ihren Gesichtsausdruck auch im Alltag zu achten. Mit dieser Übung sollen Sie lernen, auch durch Ihre Körperhaltung Selbstvertrauen auszudrücken.

Achten Sie in den nächsten Tagen einmal darauf, wie Ihre Körperhaltung normalerweise ist, wenn Sie irgendwo entlanggehen! Sind Sie von Gram gebeugt? Trippeln Sie kraftlos mit Schlurfschritten vor sich hin und starren dabei auf den Boden?

Bemühen Sie sich um eine aufrechte, gerade Haltung. Gehen Sie künftig kraftvoll, dynamisch und etwas flinker als sonst. Blicken Sie anderen Menschen, die Ihnen entgegenkommen, ins Gesicht.

SAGEN SIE ZUR ABWECHSELUNG MAL DIE WAHRHEIT

Psychologen gehen davon aus, dass Lügen geradezu lebensnotwendig sein können, denn sie dienen letztlich oft dazu, das Miteinander mit anderen Menschen erleichtern. Statistisch betrachtet lügen manche Menschen sogar bis zu 200 Mal am Tag, wobei es natürlich schwierig ist exakt zu definieren, was denn nun eine Lüge darstellt. Manchmal sind es Selbstlügen, die Menschen das Leben erträglich machen sollen, wobei diese Schwindeleien allmählich soweit in die Persönlichkeit integriert werden, dass es zunehmend schwieriger wird, diese noch als Unwahrheit zu definieren. Die wichtigsten Lügen dienen dem Selbstschutz, also um sich Ärger zu ersparen. Andere lügen, um sich mit einer Konfliktsituation nicht auseinandersetzen zu müssen. Viele Menschen lügen aus Angst, um geliebt zu werden oder um Anerkennung nicht zu verlieren, und nicht wenige lügen, um sich besser darzustellen. Kleine Lügen bzw. „selektive Informationsangaben" gehören also zum alltäglichen Umgang: Man setzt häufig kleine Lügen ein (im Englischen als *white-lies* bezeichnet), um jemanden nicht zu kränken oder um komplizierte Auseinandersetzungen und Erklärungen zu umgehen. Häufig wird dadurch niemand so recht benachteiligt. Bei manchen Spielen wie dem Pokern sind Lügen und Täuschen sogar wesentliche Bestandteile. Problematisch werden Lügen dann, wenn sie gezielt eingesetzt werden, um andere in unvertretbarer Form zu benachteiligen, zu desinformieren oder in die Irre zu führen.

Ihre Aufgabe besteht nun darin, ab heute einmal eine Woche lang nicht zu lügen. Sie lügen definitiv gar nicht und bleiben stets bei der Wahrheit und erzählen nur das weiter, was Sie 100 %ig selbst erlebt haben oder mit absoluter Sicherheit wissen.

Ist Ihnen doch mal eine kleine Notlüge durchgeflutscht? Stellen Sie diese sofort richtig. Entschuldigen Sie die Lüge nicht mit einer weiteren Lüge, sondern sagen Sie dem Betreffenden klar, dass es nicht der Wahrheit entsprochen hat, was Sie da erzählt haben.

Geht's Ihnen mit der Wahrheit besser als mit all den kleinen Lügen, bei denen man ständig aufpassen muss, dass man sich nicht verheddert? Vielleicht wollen Sie am Ende der Woche ja sogar noch länger bei der Wahrheit bleiben. Aber Vorsicht: Mit der Wahrheit schafft man sich nicht immer nur Freunde. Manchmal ist Reden Silber, aber Schweigen ist Gold.

 ## LÜGE MICH AN!

Viele Menschen, die schüchtern sind und unter Ängsten leiden, können anderen nicht ins Gesicht blicken. Hier hilft folgende Übung:

Kennen Sie die amerikanische TV-Serie „Lie to me"? Der Psychologe Dr. Carl Lightman überführt, meist im Auftrag staatlicher Behörden, Verbrecher. Aufgrund von Microexpressionen sieht Dr. Lightman, ob und wann jemand lügt

Micro-expressions: Welches Lächeln ist wirklich fröhlich und welches ist nur für das Foto?

oder die Wahrheit sagt. Hierzu muss der Verdächtige nicht einmal etwas sagen. Oft stellt Lightman Behauptungen auf (*„Ich bin sicher Sie haben die Bombe in einem Einkaufszentrum versteckt!"*) und sieht dann an der Reaktion des Verhörten, ob er ins Schwarze getroffen hat oder nicht.

Microexpressionen kann man praktisch nicht unterdrücken, es sind winzige Reaktionen des Körpers, vorrangig der Gesichtsmimik, die Grundgefühle wie Freude, Angst, Wut oder Ekel ausdrücken. Sie dauern oft nicht einmal eine halbe Sekunde, und man muss gehörig aufpassen, um sie mitzubekommen. Grandios an der *Lie-to-me*-Serie ist immer wieder, dass dann Gesichter berühmter Persönlichkeiten, meist Politiker, eingeblendet werden, die beim Lügen erwischt worden sind und die denselben Gesichtsausdruck zeigen. Die Fähigkeiten von Dr. Lightman werden zwar etwas übersteigert dargestellt, sie beruhen aber auf einer tatsächlichen wissenschaftlichen Basis.

Auch Sie können zum Experten dafür werden, wenn Sie sich im Gespräch mit einer anderen Person darauf konzentrieren, diese minimalen Veränderungen der Gesichtsmuskulatur zu erkennen.

Das Beobachten solcher Microexpressionen lenkt die Aufmerksamkeit auf das Gesicht des Gesprächspartners. Auch der schüchterne Introvertierte kann sich darauf konzentrieren und verliert dann die Angst, einem anderen Menschen ins Gesicht zu schauen. Der offene Blick wirkt dann viel selbstbewusster.

Heute Vormittag habe ich einen Flug nach London gebucht. Das hat überraschend lange gedauert; ich konnte mich einfach nicht entscheiden: Lieber den günstigen Flug? Aber der geht erst nach 20:00 Uhr in Hamburg los und kommt erst nachts in London an. Das ist mir eigentlich zu spät, dann im Dunkeln durch diese Metropole zu irren. Also doch lieber schon der um 15:20 Uhr? Aber der ist gleich doppelt so teuer. Rückflug morgens um 7:00? Dann wäre ich mittags schon zu Hause. Aber nachts um 4:00 aufstehen, um rechtzeitig am Airport zu sein? Oh je? Vielleicht doch lieber der spätere Flug? Um 9:50 ab Heathrow hört sich ausschlaftechnisch wenigstens etwas besser an. Allerdings ist dann der Tag eigentlich weg; ich bin ja erst am Nachmittag zu Hause ...???

Menschen, die ängstlich sind, haben oft Schwierigkeiten, sich zu entscheiden, wenn sie die Wahl zwischen verschiedenen Alternativen haben. Sie haben Angst, die falsche Entscheidung zu treffen, und wenn sie eine getroffen haben, dann vergeht nicht viel Zeit und sie machen alles wieder rückgängig.

Es gibt viele durchaus wichtige Situationen im Leben, in denen man die Qual der Wahl hat und sich nicht entscheiden kann. Soll man wegen der Kinder mit seinem alkoholkranken Partner zusammenbleiben oder sich lieber trennen? Soll man eine Arbeitsstelle, auf der man mit Chef und Kollegen nicht klarkommt, aber gutes Geld verdient, weiter behalten oder besser arbeitslos werden? Soll man ein Wagnis eingehen oder lieber auf der sicheren Seite bleiben? Oft quält man sich tage- und wochenlang damit und ist unfähig, zu einer Entscheidung zu kommen. Das raubt unglaublich viel Energie, weil das Gehirn beständig damit beschäftigt ist, an diesem Problem zu arbeiten und sich nicht mehr auf andere wichtige Dinge konzentrieren kann.

Hier hilft eine Pro-Contra-Matrix. Schreiben Sie in der Pro-Seite auf, was für die eine Alternative spricht und auf der Contra-Seite, was für die anderen Alternative spricht, etwa so wie hier:

Pro	Contra

In der ersten und letzten Spalte der Tabelle auf der folgenden Seite sollten Sie nun außerdem noch Ihre Argumente gewichten mit einem Faktor von 1 bis 10. Ein Argument, das Ihnen extrem wichtig ist, erhält z. B. den Faktor 10, ein Argument, das mittelmäßig wichtig ist, erhält etwa den Faktor 5 und ein Argument, das Ihnen eigentlich eher unwichtig ist, erhält den Faktor 1.

Addieren Sie nun diese Zahlen auf und schreiben Sie die Werte in das Kästchen ganz unten. Gewonnen hat die Alternative, die den höchsten Zahlenwert hat.

x-mal	Pro	Contra	x-mal
	← Summe pro	Summe contra →	

Entscheiden Sie sich nun für diese Alternative und tun Sie, was notwendig ist. Schon haben Sie Ihren Kopf wieder frei zur konstruktiven Lösung der nächsten Schritte in Ihrem Leben.

Fangen Sie NICHT an, erneut darüber nachzugrübeln, ob diese Entscheidung richtig war. Ob im Leben etwas richtig oder falsch war, wissen wir im günstigsten Fall oft erst 5 oder 10 Jahre später, und meist wissen wir es nie, da es im Ungewissen bleibt, wie das Leben sonst verlaufen wäre.

MOTORRADHELM

Haben Sie den Anspruch, es allen und jedem Recht machen zu können? Vergessen Sie's! Menschen sind zu unterschiedlich, und man wird immer jemandem auf die Füße treten, selbst, wenn man es eigentlich gut gemeint hat. Unge-

rechtfertigt kritisiert oder sogar beschimpft zu werden bringt einen immer auf die Palme und zehrt am frisch sprießenden Selbstbewusstsein.

Wenn Sie das nächste Mal ungerechtfertigt angemotzt werden, von wem auch immer, dann ziehen Sie sich mental eine Motorradjacke an. Motorradjacken sind moderne Ritterrüstungen, sie haben Protektoren auf allen Seiten. Stellen Sie sich wirklich vor, wie Sie diese Jacke anziehen. Erst den einen Arm, dann den anderen. Reißverschluss zu. Und vielleicht setzen Sie sich dann noch einen Integralhelm auf den Kopf. Nun sind Sie rundum geschützt. Stellen Sie sich vor, Sie haben diese dicke Jacke an und an ihr prallt alles ab. Jedes böse Wort bleibt außen an dieser dicken Jacke. Die Jacke vermittelt Ihnen Wärme, Schutz und Geborgenheit. Darin kann Ihnen nichts mehr passieren.

PARTNERZENTRIERTES GESPRÄCH

Um mit anderen Menschen in Kontakt zu kommen, eignen sich Techniken des partnerzentrierten Gesprächs hervorragend. Man wird zu einem guten Zuhörer und gewinnt damit das Vertrauen anderer Menschen.

Die Technik der klientenzentrierten Gesprächspsychotherapie geht davon aus, dass nur der Gesprächspartner selbst wissen kann, welche Entscheidung für ihn persönlich richtig ist. Man kann daher dem anderen nur helfen, eine Entscheidung zu treffen, indem man ruhig zuhört, ohne Versuche zu unternehmen, ihn oder sie zu beeinflussen. Diese Therapie geht im Wesentlichen auf den Amerikaner Carl Rogers zurück, sie wurde in Deutschland vor allem von dem Professoren-Ehepaar Annemarie und Reinhard Tausch verbreitet. Wesentliche Merkmale der Gesprächspsychotherapie sind, dass der Therapeut die Probleme seines Klienten ernst nimmt, er übt keine Kritik und überlässt es dem Klienten, worüber dieser reden möchte.

Obwohl es so scheint, als würde der Therapeut damit eigentlich nur zuhören, erfordert diese Technik jedoch ein hohes Ausmaß an Selbstkontrolle. Im Verlauf einer solchen Gesprächstherapie erlebt der Patient, dass er verstanden und geachtet wird, selbst dann, wenn er über negative Dinge redet. Dies schafft eine Vertrauensbasis, die es ihm nun auch erlaubt über Probleme zu sprechen, über die man sonst mit niemandem reden kann. So entsteht allmählich eine Bereitschaft zur Selbstexploration und Offenheit gegenüber den eigenen Empfindungen.

Das sogenannte „partnerzentrierte Gespräch" ist sozusagen die kleine Schwester der großen Gesprächspsychotherapie und stellt heute einen wichtigen Baustein der verständnisvollen Kommunikation dar. Man unterscheidet hier Reaktionen, die das Gespräch hemmen oder völlig zum Abbruch bringen von fördernden Gesprächsreaktionen.

Solche **hemmenden Reaktionen** beim Gespräch, die Sie nur anwenden sollten, wenn Sie den anderen möglichst rasch loswerden möchten, sind z. B.:

- Belehrungen („*Warum hast du denn nicht ...*") und Interpretationen („*Ich glaube, du willst eigentlich ...*")

- Ratschläge („*Du solltest unbedingt einmal ...*")

- Befehle („*Das musst Du sofort sein lassen!*")

- Überredungsversuche („*Also, wenn du das nicht tust, dann bin ich nicht mehr Deine Freundin.*")

- Verneinung des Problems („*Da brauchst Du doch wirklich keine Angst zu haben.*", „*Nein*", „*Aber*", „*Ach was!*")

- Moralische Vorhaltungen („*Wie kannst Du das nur sagen.*", „*Aber damals hast du doch gesagt ...*", „*Das hättest Du auf gar keinen Fall tun dürfen.*")

- Wechsel des Themas ohne Erklärung („*Ja, ja, da hast Du ein echtes Problem. Dabei fällt mir übrigens ein, dass ich um 17:00 ja noch einen Termin beim Rechtsanwalt habe, weißt Du warum?*")

- Beenden des Blickkontakts, sich vom Gesprächspartner abwenden, den Blick unruhig im Zimmer schweifen lassen, angestrengt aus dem Fenster sehen, oft den Kopf schütteln, ständig die Stirn runzeln, oft auf die Uhr sehen, sich mit Gegenständen beschäftigen oder z. B. beim Gespräch den Schreibtisch aufräumen.

Fördernde, partnerzentrierte Reaktionen beim Gespräch dagegen sind:

- Aufmerksames Zuhören, das eigene Mitteilungsbedürfnis zurückstellen, Blickkontakt suchen, den Körper dem Sprecher zuneigen, oft zustimmend mit dem Kopf nicken, Äußerungen wie *„Ja", „Hmmm", „genau", „aha!"* an den richtigen Stellen einfließen lassen.

- Nachfragen (*„Das habe ich jetzt noch nicht genau verstanden?", „Wie war das genau?", „Wie meinst Du das?", „Was hast Du da gedacht?"*) zeigen besonders, dass von Ihrer Seite aus Interesse besteht.

- Kontrollierter Dialog (Paraphrasieren): dies ist eine Untertechnik, die bedeutet, zunächst in eigenen Worten kurz zusammenzufassen, was der Gesprächspartner gesagt hat, bevor man seine eigene Äußerung anfügt. Durch diese kurze Zusammenfassung zeigt man zum einen, dass man wirklich zugehört hat, zum anderen kann der Gesprächspartner überprüfen, ob das Problem richtig verstanden wurde. Oft ergeben sich für ihn schon aus der Wiederholung durch eine andere Person völlig neue Perspektiven. In der Regel schließt die Zusammenfassung des kontrollierten Dialoges auch mit der Frage ab, ob man alles richtig verstanden habe?

- Verbalisieren der Gefühle des Gesprächspartners: Versuchen Sie, die Gefühle anzusprechen, die hinter den Äußerungen Ihres Gesprächspartners stehen. Oft ist es dabei ganz besonders wichtig, auch auf nonverbale Begleitphänomene wie Körperhaltung, Mimik, Gestik und die Art des Sprechens zu achten. Formulieren Sie dann eine Frage (*„Ich glaube, dass macht Sie jetzt ziemlich traurig?"* oder: *„Während Sie das sagen habe ich den Eindruck, dass Ihr ganzer Körper sich verkrampft. Was geht da in Ihnen vor?"*). Das Verbalisieren von Emotionen stellt für den Neuling dieser Technik oft das größte Problem dar und entsprechend plump hören sich dann entsprechende Äußerungen an. Es muss daher am meisten geübt werden.

Wenn Sie diese fördernden Gesprächstechniken systematisch üben, werden Sie definitiv leichter Freunde gewinnen. Sie eignen sich auch gut für den nächsten Flirt.

SINGEN HILFT AUCH!

„Sah ein Knab ein Röslein stehen" sang Heinz Rühmann in dem Film *„Keine Angst vor großen Tieren",* um sich wieder zu beruhigen. Rühmann spielt hier einen extrem schüchternen jungen Mann voller Ängste, der sich von jedem in die Ecke drängen lässt. Bis er erbt. Er erbt „Mobilien" sagt der Notar so schön, oder, genauer gesagt besteht das Erbe aus mehreren Löwen in einem Zirkus. Von nun an geht eine spannende Wandlung in ihm vor sich. Ein heute noch sehenswerter Klassiker der Angstbewältigung.

Der *„worst case",* d. h. der schlimmste vorstellbare Supergau, für einen meiner Angst-Patienten war es, fast zwei Stunden in einem Autobahnstau steckenzubleiben. Er war alleine im Auto, hatte niemanden, der ihn hätte ablenken können. Keine Chance auszusteigen, sich zu bewegen, der Situation zu entkommen. Rund eine halbe Stunde schaffte er es gut, sich mit Atem- und Entspannungstechniken herunterzufahren, dann aber drohte die Angst sich doch bis zum Panikanfall zu steigern.

Was ihm half war laut zu singen!

Angst reduziert sich, wenn man sich stark auf etwas anderes konzentriert. Er kramte alle Lieder zusammen, die sich in seiner Erinnerung noch fanden und sang, so laut er konnte. Die Angst verschwand nicht völlig, aber sie wurde immer geringer. Er stand den Stau durch, bis es endlich wieder weiterging und besuchte, mit deutlicher Verspätung, dann doch noch den Freund, zu dem er wollte.

Sie können nicht singen? Macht absolut nichts. In einer Situation, in der Sie völlig alleine sind (ob im Auto, im Wald, in der Wüste oder alleine in der Wohnung) hört Sie vermutlich sowieso niemand.

Das Notenheft muss nicht sein, wenn man singt, um seine Angst zu bewältigen.

Die Erstellung einer eigenen Page in unterschiedlichen sozialen Netzwerken ist auch für den Laien relativ einfach; man muss zu bestimmten Fragen eigentlich nur seine Daten eintragen (siehe Abbildung) und kann, wenn man will, Fotos von sich hochladen. Wenn Sie möchten, darf man das meist auch unter einem Pseudonym machen, d. h. man muss seinen echten Namen nicht angeben, sondern kann sich einen Nicknamen ausdenken, mit dem man angesprochen werden will. (In manchen Foren ist es allerdings auch gut, wenn man seinen echten Namen angibt, dann wird man vielleicht im Lauf der Zeit von ehemaligen Schulkameraden oder Ex-Arbeitskollegen gefunden.) Surfen Sie nun auf den Seiten anderer Leute. Hinterlassen Sie dort Anmerkungen, Lob für die Seite oder flotte Sprüche. Nehmen Sie Kontakt auf. Chatten Sie mit den Leuten in Internet-Foren. Bauen Sie diese Kontakte aus.

Auch körperliche Fitness vermittelt Selbstbewusstsein. Eine optimale Möglichkeit bietet ein Selbstverteidigungs-Kurs. Man geht einfach sicherer durch das Leben, wenn man weiß, dass man sich im Notfall durchaus zur Wehr setzen kann. Die Frage ist nur, wie kriegen wir Sie dorthin?

Schritt 1: Besorgen Sie sich ein Buch bzw. laden Sie sich Übungen über Selbstverteidigung im Internet herunter und probieren Sie diese aus. Langfristig werden Sie immer einen Partner brauchen, mit dem Sie solche Übungen durchführen können. Nur ein Buch zu lesen reicht auf die Dauer nicht wirklich. Wer könnte Interesse haben, solche Übungen mit Ihnen durchzuführen? Wenn Sie hier einige Grundübungen schon können, wird es evtl. nicht mehr so blamabel sein, einen Kurs zu besuchen.

Die zweite Phase ist logischerweise, aus dem Internet (oder anderen Quellen) eine solche Schule (z. B. Judo, Karate, Boxen, Kick-Boxing) ausfindig zu machen und dort anzurufen oder, wenn Sie schon etwas mutiger sind, dort einfach mal hinzugehen und persönlich nachzufragen. Größere Städte haben übrigens oft spezielle Selbstverteidigungskurse für Frauen.

Diese Sportstätten leben davon, dass man neue Schüler aufnimmt und ausbildet. Man wird also entsprechend freundlich mit Ihnen sein. Viele Einrichtungen haben einen Tag der offenen Tür oder bieten „Schnupperkurse" an. In der Regel hilft man Ihnen, in bereits existierende Gruppen aufgenommen zu werden; manchmal gibt es auch jährlich neue Anfängerkurse. Das ist die beste Möglichkeit, da dann alle auf demselben Stand sind. Hier hat man auch gleich die Möglichkeit, andere Menschen kennenzulernen und sich mit ihnen anzufreunden.

Falls das alles wirklich und absolut für Sie gar nicht geht, sollte man sich einen Boxsack und/oder einen Punchingball besorgen und selbigen Abend für Abend verprügeln. Das ist zwar nicht unbedingt der Sinn einer Selbstverteidigung, aber das Wissen darum, im Notfall, wenn man von jemandem angegriffen wird, auch herbe zuschlagen zu können, verleiht einem ein ganz gutes Gefühl. Auch hier sollte man sich über Schlagtechniken informieren, sonst bricht man sich alle Finger, sollte der Ernstfall wirklich einmal eintreten.

Nebeneffekt ist immer, dass Sie Sport treiben und sich damit auch Ihre Körperproportionen ändern und Sie sportlicher auftreten. Auch das Wissen darum, eine gute Figur zu haben, wirkt sich positiv auf das Selbstbewusstsein aus.

EINEN BAUM UMARMEN

Volga Sengül, der Bruder einer Praktikantin, die im Sommer 2018 bei mir tätig war, erzählte mir, dass er, wenn er Angst vor etwas hat oder unter Stress gerät, einen Baum umarmt. Ich glaube, ich habe erst einmal etwas schräg geschaut, als er das sagte, denn wie soll ein Baum einem die Angst nehmen? Da ich ein neugieriger Mensch bin und nie abgeneigt, die verrücktesten Sachen einfach einmal auszuprobieren, habe ich es bei der nächsten Belastung einfach mal getan. Interessanterweise funktioniert es. Es muss nicht einmal ein besonders großer oder dicker Baum sein. Der Effekt ist interessant, nach kurzer Zeit tritt ein Gefühl innerer Ruhe ein. Wirklich erklären konnte ich dieses Gefühl nicht. Vielleicht ist man plötzlich eins mit der Natur? Vielleicht überträgt sich ja auch das viel längere Zeitempfinden des Baums irgendwie auf den Menschen?

Diese therapeutische Technik, im Englischen „tree-hugging" genannt, gehört zu den „Waldbädern", sie stammt wohl aus dem japanischen Bereich, wo man sie „Shirin-Yoku" nennt und soll tatsächlich Stress, Ängste und Depressionen lindern und sogar gegen Bluthochdruck helfen. Therapeutisch wird sie als „Sylvotherapie" bezeichnet, vom lateinischen Wort „sylvo" = der Baum. Die Durchführung ist einfach und kompliziert zugleich, denn man muss den passenden Baum finden, indem man auf sein inneres Gespür achtet. Keinesfalls muss es unbedingt die dickste und stärkste Eiche sein, sondern ein inneres Gefühl sagt einem: Welcher Baum passt zu mir? Diesem Baum nähert man sich vorsichtig, berührt ihn, umarmt ihn und besonders gut scheint es zu sein, wenn man Hautkontakt mit ihm hat, etwa über die Hände oder die Wange. Hierbei soll man langsam, ruhig, aber intensiv atmen, um den Geruch des Baumes wahrzunehmen.

Inzwischen gibt es etliche wissenschaftliche Studien, welche die Wirksamkeit untermauern. Die Herzfrequenz wird gesenkt, die Produktion von Stresshormonen verringert sich und das Immunsystem verbessert sich. Das ist nicht erstaunlich, da allgemeines Wohlbefinden immer zu diesen Effekten führt. Was genau ist aber die Wirkungsweise? Man vermutet, dass von Bäumen ätherische Öle (z. B. Terpene) und bestimmte Botenstoffe (Phytoncide) freigesetzt werden. Da die Urahnen der Menschheit Millionen von Jahren in Wäldern gelebt haben, wurden diese Moleküle irgendwie in unseren Stoffwechsel eingebunden. Heute leben wir in Zementwüsten und diese Stoffe fehlen.

Tree-Hugging: Alleine im Wald kann jeder. Der Profi umarmt Bäume mitten in der Großstadt!

SELBSTVERTRAUEN DURCH LOB

Selbstbewusstsein und Selbstvertrauen entstehen zum einen, weil man selbst stolz darauf ist, etwas geleistet zu haben. Mindestens ebenso wichtig ist aber auch das Lob durch andere. Was können Sie tun, um von anderen gelobt zu werden? Letztlich möchten wir alle von jemand anderem hören, dass wir gut aussehen, gute Leistungen erbringen und dass man stolz ist uns zu kennen. Hierzu muss man etwas Besonderes machen.

Im ersten Schritt überlegen Sie, was sind Ihre Fähigkeiten? Was können Sie, was andere nicht so gut können? Vielleicht sind es einfache handwerkliche Tätigkeiten, mit denen man aus der eigenen Wohnung, dem Auto, Motorrad oder

Fahrrad etwas ganz Besonderes machen kann, so dass andere sagen: *„Whow! Das sieht ja toll aus!"* Anregungen kann man sich ohne Ende aus dem Internet holen (z. B. aus der Seite www.pinterest.de). Vielleicht haben Sie auch künstlerische Ambitionen und können malen, Gedichte schreiben oder möchten Ihre Jugenderinnerungen als Buch publizieren? Oder haben Sie Interesse daran, antike Möbel zu restaurieren? Vielleicht möchten Sie ein Musikinstrument erlernen, das kommt auf Partys immer gut an, wenn man mit der Gitarre romantische Lieder spielen kann.

Ich selber restauriere in meiner Freizeit uralte Messing-Mikroskope. Mit etwas Glück lässt sich so ein kaputtes altes Teil bei Ebay zu einem günstigen Preis ersteigern. Wenn ich Zeit habe, wird es zerlegt und wieder aufbereitet. Es ist auch ein Teil Selbstverwirklichung so einem kaputten Teil aus dem vorletzten Jahrhundert noch einmal neues Leben einzuhauchen. Ehrenamtliche Tätigkeiten, z. B. für die Kirche, Vereine oder die Mitgliedschaft in einer Partei können auch sinnvoll sein.

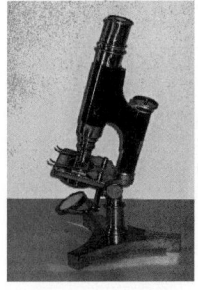  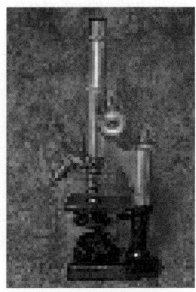 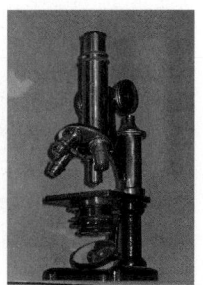

Was könnten Sie tun, um von anderen gelobt zu werden?

_____

_____

_____

_____

_____

_____

Füllen Sie nun, wenn Sie alle für Sie wichtigen Übungen durchgearbeitet haben, noch einmal den Fragebogen aus, den wir auf Seite 91–93 schon hatten:

0 Punkte = Diese Verhaltensweise beherrsche ich weitgehend angstfrei.

1 Punkt = Diese Verhaltensweise macht mir ein leicht mulmiges Gefühl, das ich aber noch ertragen kann.

2 Punkte = Diese Verhaltensweise macht mir etwas Angst, wenn es sein muss kann ich es aber alleine durchstehen

3 Punkte = Diese Verhaltensweise macht mir Angst, ich vermeide sie oder stehe das nur mit Hilfe anderer durch.

4 Punkte = Diese Verhaltensweise macht mir sehr viel Angst; auch mit Hilfe anderer schaffe ich das einfach nicht.

5 Punkte = Schon alleine die Vorstellung dieser Verhaltensweise macht mir Panik; ich kann mir definitiv nicht vorstellen, das jemals zu tun.

Im Gespräch mit gut bekannten Menschen Blickkontakt halten	0	1	2	3	4	5
Im Gespräch mit Fremden oder Vorgesetzten Blickkontakt halten	0	1	2	3	4	5
Zu fremden Personen Kontakt aufnehmen und etwas fragen	0	1	2	3	4	5
Mit völlig fremden Personen über „Small Talk" ins Gespräch kommen	0	1	2	3	4	5
Menschen dazu anregen, mehr über sich zu erzählen	0	1	2	3	4	5
Neue Freunde kennenlernen	0	1	2	3	4	5
Eine kleine Party organisieren	0	1	2	3	4	5
Auf eine Party, ins Kino, in die Disco gehen	0	1	2	3	4	5
Aktiv auf Partnersuche gehen	0	1	2	3	4	5
Vor einer Gruppe etwas vorlesen	0	1	2	3	4	5
Vor einer Gruppe etwas erzählen	0	1	2	3	4	5
Vor einer großen Gruppe ein Referat halten	0	1	2	3	4	5

Angstfrei in großen Menschenmassen durchdrängeln	0	1	2	3	4	5
Im Imbiss etwas essen	0	1	2	3	4	5
Im Restaurant etwas essen	0	1	2	3	4	5
Sonderwünsche im Restaurant äußern	0	1	2	3	4	5
Im Supermarkt einkaufen gehen	0	1	2	3	4	5
Im Kaufhaus einkaufen	0	1	2	3	4	5
Beratung und Sonderwünsche in Kaufhäusern	0	1	2	3	4	5
Etwas Gekauftes wieder umtauschen	0	1	2	3	4	5
Mit Bussen, Straßenbahnen, U-Bahnen usw. fahren	0	1	2	3	4	5
Fahrkarten aus Automaten kaufen	0	1	2	3	4	5
Mitreisende ansprechen	0	1	2	3	4	5
Mit Zügen Fernreisen machen	0	1	2	3	4	5
Nein sagen, eine Bitte ablehnen	0	1	2	3	4	5
Konflikte ertragen	0	1	2	3	4	5
Verbote aussprechen	0	1	2	3	4	5
Zu einem Termin zu spät kommen	0	1	2	3	4	5
Ertragen, dass alle einen ansehen	0	1	2	3	4	5
Wünsche abschlagen	0	1	2	3	4	5
Eine andere Person kritisieren	0	1	2	3	4	5
Einem anderen ins Wort fallen	0	1	2	3	4	5
Im Restaurant das Essen zurückgehen lassen	0	1	2	3	4	5
Sehr auffallende Kleidung tragen	0	1	2	3	4	5
In der Disco tanzen	0	1	2	3	4	5
In der Öffentlichkeit etwas Peinliches tun	0	1	2	3	4	5
In der Öffentlichkeit singen	0	1	2	3	4	5

Vergleichen Sie diese Werte mit den Ergebnissen der ersten Version dieses Fragebogens. Haben Sie sich verändert?

Raum für Notizen

Raum für Notizen

Raum für Notizen

Aus der eigenen Kraft schöpfen ...

Erich Kasten

Mein Trainingsbuch Lebensfreude

Die Ab-in-den-Müll-Kur für Ihre Depressionen

Der Schwerpunkt des Buches liegt in der Vermittlung von Methoden, wie man aus einer Phase von wirklich miserabler Stimmung wieder herausfindet. Depressionen werden als eine Erkrankung gesehen, der man nicht hilflos ausgeliefert sein muss. Grundlage sind Übungen, um zu lernen aktiver zu werden und mehr Lebensfreude zu genießen. Der Leser begreift, wie er selbst (wieder) zum Boss in seinem eigenen Kopf werden und negative Gedanken und Gefühle „hinausfegen" kann. Es werden Ratschläge gegeben, um dem Gedanken zu begegnen, seinem eigenen Leben ein Ende setzen zu wollen. Es gibt Tipps, um mit Lebensereignissen abzuschließen, die unabänderlich sind. Vor allem wird eine Fülle von Möglichkeiten aufgezeigt, um wieder etwas mehr Pepp, Freude und Spaß in den Alltagstrott hineinzubringen. Der Band geht ebenso darauf ein, wie man mit chronischen beruflichen oder familiären Belastungen umgehen kann, wie auch mit Situationen ständiger Langeweile und dem Gefühl überflüssig zu sein. Der Band zeigt durch eine Vielzahl von Übungen auf, wie man Lebensfreude regelrecht trainieren kann und sich damit wieder einen kleinen Teil vom großen Glück sichert.

2018, 168 S., Format DIN A5, br, Alter: ab 18
ISBN 978-3-8080-0792-1 | Bestell-Nr. 5231 | 16,95 Euro

Erich Kasten

Mein Trainingsbuch Selbstvertrauen

Die Ab-in-den-Müll-Kur für Ihre Ängste
Eine Bedienungsanleitung für Ihr Selbstbewusstsein

Die gute Nachricht vorweg: Angst zu haben ist völlig normal, sich vor etwas zu fürchten hat eine Schutzfunktion und ängstliche Menschen begehen seltener Fehler. Wenn allerdings die Angst überhand nimmt und Verhaltensweisen blockiert, an denen alle anderen Menschen offenkundig Freude haben, dann sollte man etwas dagegen tun.

Der Mensch hat sich eine sehr komplexe Welt geschaffen, und um einigermaßen gut durchs Leben zu kommen, muss man eine Fülle sozialer Fertigkeiten erlernen. Das Buch hilft dabei, eigene Ängste zu besiegen und Stück für Stück mehr Selbstvertrauen aufzubauen. Ob es sich darum dreht, einen Vortrag vor einer Gruppe zu halten, Prüfungsangst durchzustehen, alleine zu verreisen oder einen potenziellen Lebensabschnittspartner anzusprechen und in ein Gespräch zu verwickeln – all das kann man lernen.

Mit diesem Übungsprogramm lernt man Befürchtungen beiseite zu schieben, Ängste zu verlieren, man traut sich neue Wege einzuschlagen und kann beruflich wie privat erfolgreicher zu werden.

April 2019, ca. 160 S., Format DIN A5, br, Alter: ab 18
ISBN 978-3-8080-0793-8 | Bestell-Nr. 5232 | 16,95 Euro

Jürgen Hargens

Gut eingestimmt?

Zum Umgang mit Stimmungslagen

„Fangen Sie damit an, indem Sie daran denken, wie Sie aufgewacht sind. Überlegen Sie, was Ihnen als Erstes einfällt, was gelaufen ist, was geklappt hat, was gut war – und was dabei so unauffällig war, dass Sie es zunächst ganz selbstverständlich für nicht der Rede wert halten. Das könnte als Erstes sein, dass Sie sich sagen, ich habe schlafen können ... und das ist mein Bett. Was war das nächste kleine Selbstverständliche? Dass Sie in Ruhe Ihr Klo benutzen konnten? Dass Sie etwas zum Essen gefunden haben? Dass Sie ein Dach über dem Kopf haben? Diese Selbstverständlichkeiten gerade an trüben Tagen einmal aufzuschreiben, ist eine der vielen praktischen Übungen in Jürgens Hargens' Buch über Stimmungen.

Unsere Stimmungen schwanken, und das ist gut so. Wenn ich mich auf das natürliche Auf und Ab des Lebens einstelle, bin ich besser darauf vorbereitet und kann dann anders damit umgehen.

Ich sehe aus einer anderen Perspektive auf das, was im Augenblick angeblich nicht so gut läuft.

Jedes der elf Kapitel enthält eine bis drei Übungen, die Spaß machen, nicht länger als eine Viertelstunde dauern, und bei denen ich lerne, meine Krisen besser zu managen." Evangelische Zeitung

2. Aufl. 2015, 128 S., Format 11,5x18,5cm, Klappenbroschur
ISBN 978-3-86145-336-9 | Bestell-Nr. 8573 | 9,60 Euro

Ben Furman

Es ist nie zu spät, eine glückliche Kindheit zu haben

In Wissenschaft und Öffentlichkeit ist der Mythos fest verankert, dass schwierige Bedingungen in der Kindheit unweigerlich zu einem unglücklichen, gefährdeten Erwachsenenleben führen. Dies kann so sein, ist aber in den meisten Fällen nicht zwangsläufig so. Furman lässt eine große Zahl von Betroffenen selbst zu Wort kommen, die einen schwierigen Start ins Leben hatten und trotzdem oder gerade deshalb ein gelungenes Leben führen konnten. Hier geht es nicht darum, die Wahrheit zu schönen oder zu verbiegen und uns selbst zu belügen, damit wir die traurige Vergangenheit in rosarotem Licht sehen! Wir sollen auch nicht so tun, als hätten wir eine glückliche Kindheit gehabt, wenn es nicht so war. Aber tief in ihrem Herzen wissen die Menschen oft, was ihnen helfen könnte, und schaffen es trotz widriger Umstände glücklich zu werden. Das Buch will Mut machen, auf die innere Stimme zu hören. Das Buch wurde in die Liste der „Einhundert Meisterwerke der Psychotherapie" aufgenommen.

„Dieses Buch ist sehr interessant. Ich habe es in zwei Tagen ausgelesen. Es trifft meine Vergangenheit und auch meine Zukunft, und ist hilfreich für meinen Sohn, der gerade 4 1/2 Jahre alt ist. DANKE!" Leserzuschrift

7. Aufl. 2013, 104 S., Format DIN A5, br
ISBN 978-3-86145-173-0 | Bestell-Nr. 8398 | 15,30 Euro

verlag modernes lernen

Schleefstraße 14, D-44287 Dortmund
Telefon 02 31 12 80 08, Fax 02 31 12 56 40
Gebührenfreie Bestell-Hotline: Telefon 08 00 77 22 345, Fax 08 00 77 22 344
Leseproben, Rezensionen, Bestellen im Internet: www.verlag-modernes-lernen.de